智能交通地理信息系统

主　编　胡　琰　段潇乐　陈　媛
副主编　潘　屹　赵　竹　王　庆　陈　岚
参　编　王倩倩　刘虹秀　王任映　陈　瑜
　　　　夏思倩　李金阳

机械工业出版社

本书主要介绍了地理信息系统软件（QGIS）在电子地图开发和应用维护中所涉及的应用与具体操作，包括市区物流/快递信息点的数据处理、交通线路的规划与制作、功能地块的规划与红线划定共3个项目，含13个任务的内容。本书为配有活页式任务工单，能更好地将教学与实际交通问题相结合。

本书材料翔实、操作性强，附有大量案例及详细操作步骤、技术要点，适合职业院校教师和学生阅读，本书重点、难点内容还配有二维码视频链接，读者可通过手机扫码观看。

本书既可作为职业院校智能交通技术相关专业教材，也可作为智能交通技术相关行业人员在职进修的参考书。

本书配有电子课件、工单答案、数据包等资源，凡选用本书作为教材的教师，均可登录机械工业出版社教育服务网（www.cmpedu.com）注册后下载或联系编辑（010-88379756）索取。

图书在版编目（CIP）数据

智能交通地理信息系统 / 胡琰，段潇乐，陈媛主编. —北京：机械工业出版社，2022.12（2024.8重印）
ISBN 978-7-111-71897-0

Ⅰ.①智… Ⅱ.①胡…②段…③陈… Ⅲ.①地理信息系统 – 应用 – 交通工程 – 职业学校 – 教材 Ⅳ.①U495

中国版本图书馆CIP数据核字（2022）第203452号

机械工业出版社（北京市百万庄大街22号　邮政编码100037）
策划编辑：谢熠萌　　　　　责任编辑：谢熠萌
责任校对：贾海霞　王　延　封面设计：王　旭
责任印制：刘　媛
涿州市般润文化传播有限公司印刷
2024年8月第1版第2次印刷
184mm×260mm・12.5 印张・291 千字
标准书号：ISBN 978-7-111-71897-0
定价：49.80元

电话服务　　　　　　　　　网络服务
客服电话：010-88361066　　机　工　官　网：www.cmpbook.com
　　　　　010-88379833　　机　工　官　博：weibo.com/cmp1952
　　　　　010-68326294　　金　书　网：www.golden-book.com
封底无防伪标均为盗版　　　机工教育服务网：www.cmpedu.com

前 言

随着我国社会主义现代化建设的快速发展和城市化进程的加快,信息化技术已经渗透到各行各业,地理信息技术发展势头非常迅猛,并迅速地与交通行业相互融合,改变着人们的生活方式。地理信息系统目前已经与电子地图、用地规划、公共交通出行、无人驾驶、交通流量分析等交通应用无缝结合,具有强大的生命力和旺盛的发展势头。这场技术革命给传统交通行业带来了强大的冲击,改变了传统交通出行的概念。我国的交通地理信息产业全面发展虽然只有 10 余年时间,发展速度却让世界瞩目。目前,社会需要大量交通地理信息方向的技术开发人才和日常管理维护人才,为了适应现代化建设发展的步伐,满足应用型人才培养和培训的需要,我们编写了本书。

本书重点介绍了地理信息软件(QGIS)关于电子地图开发及维护、用地规划、公共出行等方面的相关技术应用知识。根据高等职业教育的需要,本书具有以下特色:

1. 落实立德树人的根本任务

本书坚持以习近平新时代中国特色社会主义思想为引领,提升教材的思想性、科学性、时代性,通过提升学生国家地理信息安全意识,地理信息行业法律意识,探索未知、追求真理、勇攀高峰的责任感和使命感,GIS 采集、处理、分析、可视化能力等,树立和培养学生的爱国精神、法制意识、创新意识以及社会主义核心价值观。同时本书通过对建国以来我国公共交通建设成绩的回顾,增强学生的民族自豪感和民族自信心。

2. 活页式编写体例

本书主教材用较少的篇幅讲述基础原理,将重点放在实际应用上,按项目任务层级结构展开,对操作过程有详细的步骤说明和大量的图片展示,以便学生理解认识。为了加深学生对知识、技能的理解与掌握,本书在每个任务开始时都提出了任务描述和学习目标。本书任务工单采用活页式编写体例,以"任务目标 - 接受工作任务 - 信息收集 - 任务准备 - 制订计划 - 计划实施 - 质量检查 - 评价反馈"为环节设计工单内容,形成闭环,契合学生的心理特点和认知习惯,图文并茂,提高学生的学习兴趣,同时方便老师教学使用。

3. "互联网 +"配套资源丰富

本书彩色印刷、图片清晰、内容新颖、通俗易懂。为方便教学,本书除了配有电子课件、工单答案、数据包(包括链接地址、CSV 文件、SHP 文件等)等资源外,还为需要操作的任务配套了相应的视频教学资源,以二维码视频链接的形式嵌入书中,以方便学习者能顺利地进行操作与实践。

本书由胡琰、段潇乐、陈媛任主编,潘屹、赵竹、王庆、陈岚任副主编,王倩倩、刘虹秀、王任映、陈瑜、夏思倩、李金阳参与了本书的编写。全书由胡琰统稿。

本书参考了交通运输方面的国家标准和相关的书刊资料，引用了部分地理信息系统软件使用手册、参考文献的内容，在此谨向这些文献的作者表示衷心的感谢！

由于编者水平有限，加之交通地理信息行业的发展日新月异，很多理论和工程技术问题还需要进一步研究，书中不足之处在所难免，敬请广大读者批评指正。

编　者

二维码索引
（对应任务工单）

名称	图形	任务工单页码	名称	图形	任务工单页码
1. 导入市区物流信息点图层（任务工单1）		2	6.4 道路分层显示（任务工单6）		32
2. 制作市区物流信息点图层（任务工单2）		7	7.1 导入主干道路（任务工单7）		36
3. 筛选主干站点POI点（任务工单3）		12	7.2 缺失主干道的修补及扩路（任务工单7）		36
4. 导出与导入POI信息（任务工单4）		18	7.3 掉头口制作（任务工单7）		37
5.1 创建线图层并绘制街区道路（任务工单5）		25	8.1 文件转化（任务工单8）		43
5.2 不同等级道路显示（任务工单5）		26	8.2 站点要素显示修改（任务工单8）		43
6.1 道路的补充绘制（任务工单6）		30	8.3 缓冲区制作（任务工单8）		44
6.2 道路扩路（任务工单6）		31	8.4 修剪缓冲区（任务工单8）		44
6.3 路口化简（任务工单6）		31	9.1 水线和浅水禁航区绘制（任务工单9）		50

（续）

名称	图形	任务工单页码	名称	图形	任务工单页码
9.2 通航水域绘制（任务工单9）		51	12.2 绘制出站口位置（任务工单12）		75
10.1 创建工程并添加位置点（任务工单10）		56	12.3 制作出口点缓冲区（任务工单12）		76
10.2 确定适合公交站点布置的区域（任务工单10）		58	12.4 根据禁止选址区域生产新缓冲区（任务工单12）		76
11.1 获取知名景点X、Y坐标值（任务工单11）		63	12.5 新添加面图层及图层要素（任务工单12）		77
11.2 数据导入并保存（任务工单11）		64	12.6 为地物添加缓冲区（任务工单12）		77
11.3 图层坐标转换（任务工单11）		65	12.7 完成缓冲区叠加操作并生成柱形图（任务工单12）		78
11.4 修改景点投影图层显示（任务工单11）		65	13.1 生成泰森多边形（任务工单13）		83
11.5 载入路网数据后合并矢量图层（任务工单11）		66	13.2 景点范围图层与泰森多边形相交（任务工单13）		84
11.6 根据公交车站设计规范绘制站点（任务工单11）		66	13.3 统计景点数量并制作柱状图（任务工单13）		85
12.1 创建工程并绘制边界线（任务工单12）		74	13.4 统计图像的页面打印（任务工单13）		86

目 录

前言
二维码索引

项目1 市区物流/快递信息点的
　　　数据处理 ………………… 001

　　任务1　导入市区物流信息点
　　　　　图层 ………………… 001
　　任务2　制作市区物流信息点
　　　　　图层 ………………… 010
　　任务3　筛选主干站点POI点 …… 016
　　任务4　导出与导入POI信息 …… 022

项目2 交通线路的规划
　　　与制作 ………………… 032

　　任务5　绘制不同区域城市
　　　　　等级道路 …………… 032
　　任务6　绘制道路扩路和
　　　　　路口化简 …………… 039

　　任务7　绘制电子地图的
　　　　　掉头口 ……………… 047

项目3 功能地块的规划与
　　　红线划定 ……………… 057

　　任务8　绘制公交站覆盖区域 …… 057
　　任务9　绘制内河通航水域红线 … 066
　　任务10　确认公交站点的位置 … 072
　　任务11　绘制公交线路 ………… 078
　　任务12　选定物流和货物集散地
　　　　　　地址 ………………… 087
　　任务13　比较不同位置的
　　　　　　便利性 ……………… 091

参考文献 …………………………… 098
任务工单

项目 1

市区物流/快递信息点的数据处理

项目描述

　　本项目主要介绍地理信息系统（GIS）的基本概念，学习 QGIS 软件的基本操作、数据（点数据）的导入/导出、符号化与专题地图的保存。学习者通过本项目的学习，能够了解地理信息系统的概念和组成、QGIS 软件的运行环境及设置；可以尝试通过专题地图数据的属性处理，实现物流行业中对于站点信息的统计与信息整理。

任务 1　导入市区物流信息点图层

任务描述

　　本任务要求学习并掌握 QGIS 软件的基本操作，完成基于地理要素特征的符号化，进行市区物流信息点图层的导入。

学习目标

知识目标
1. 了解地理信息系统的概念和应用方式。
2. 掌握 QGIS 软件的基本操作。
3. 熟练进行工程的创建和数据的导入与保存。

技能目标
完成 QGIS 项目的创建，并导入快递网点图层信息。

素养目标
培养爱国主义热情、民族自豪感和使命感。

> **引导提问**：为什么我们要选择 QGIS 作为操作软件？从哪里可以获得它？

1. 地理信息系统（GIS）

日常生活中，人们可以通过手机电子地图（百度、高德等）寻找公交车路线、进行汽车卫星导航、寻找饭店等。这些功能都是地理信息系统（Geographic Information System，GIS）应用的一部分。事实上，我们的生活每时每刻都在接触 GIS，那么到底什么是 GIS？

在了解 GIS 之前，首先要了解地理空间。地理空间（Geographical Space）是指地球表面及近地表空间，即地球上大气圈、水圈、生物圈、岩石圈和土壤圈交互作用的区域。地理空间中的空间事物（简称地物，如山川、海洋等）或地理现象（如城市群、土地类型等）代表了现实世界。地理信息系统（GIS）是一个可以建立、浏览、查询、分析地理空间资料的计算机系统，它将真实世界的空间位置（包含地理坐标，即经纬度数值等）与地理信息（包括地表及地下自然生态的分布，如地表高程、地表水系、植物、生物、天气、地下水系、地层等；人文活动的分布，如路网、土地利用分布、管道、交通出行等）进行静态或动态的展示与分析。地理空间资料分布如图 1-1 所示。

图 1-1　地理空间资料分布

2. 地理信息系统的应用

地理信息系统应用的目的是利用 QGIS 软件（目前比较流行的开源 GIS 软件）对地物进行检索与分析。通过地图的展现，QGIS 软件能够实现空间信息、地理信息的可视化。为实现该目的，需要先完成地理空间信息的制作，以及信息的分析处理。

地理空间信息可以分为位置信息与属性信息，真实世界的万物都可以用这两种信息来描述，例如，公交车站的常用信息包括坐标值、站点名称、车次编号等，其中的坐标值（纬度和经度）为位置信息，而站点名称、车次编号代表其属性信息；同样，公交线路的位置信息可以通过描述线路的形状来实现，而属性信息则描述每条线路的相关说明信息，如线路名、运营公司、公交车站等。

在获得地理空间信息后，用户就可以对信息进行分析和检索了。启动 QGIS 软件中的数字背景地图（又称为底图），将研究对象的地理空间数据添加到 QGIS 软件中进行分析，能为区域数据统计及政策规划提供参考。例如，可以把公交站点与附近（2km 内）人口分布相关信息进行"逻辑分析"，将站点的信息与周边人口的信息融为一体，再通过检索与分析就可以得到一个关于公交站点的影响范围、规模及周边人口结构等全新信息结果，可以为公交线路的优化决策及站点位置的调整方案提供参考。

3. 数据文件和工程文件

（1）数据文件　　目前 QGIS 中使用的数据文件可分为矢量数据和栅格数据两大类。矢量由边界线（点、线、面）来确定边界，强调离散现象的存在，可以看成是基于要素的数据类型，矢量数据的构成如图 1-2 所示。栅格数据模型是基于连续铺盖的，它是将连续空间离散化，即用二维铺盖或划分覆盖整个连续空间，如图 1-3 所示。

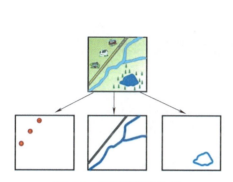

图 1-2　矢量数据的构成

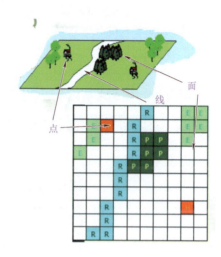

图 1-3　栅格数据的构成

目前最多使用的**矢量数据**存储格式为 ESRI Shapefiles，简称为 SHP。Shapefile 文件是美国环境系统研究所公司（ESRI 公司）研制的 GIS 系统格式文件，是工业标准的矢量数据文件，被广泛**用于存储地理要素的位置、形状和属性**。一般 Shapefile 存储在一组相关文件中，具体文件包括：

① shp 文件：几何图像信息。
② dbf 文件：数据相关属性信息。
③ shx 文件：索引位置信息。
④ prj 文件：投影系统参数。
⑤ xml 文件：关联的元数据。
⑥ sbn 文件：用于优化查询的空间索引。
⑦ sbx 文件：优化加载时间。

以上①~③为必选文件，④~⑦为可选文件。

需要注意的是，一般情况下，prj 文件必须是完整的，否则矢量数据的空间位置会发生错误。此外，本书中的案例都以矢量数据为主，统一采用 SHP 格式。

（2）工程文件　　工程文件（qgs 文件）是存储源数据集路径和其他图层属性（包括符号系统）的文件。它一般存储和设置工程的一些相关属性，如符号化、标注、显示比例尺范围、超链接、表格关联等，通常它们也被称为源数据的一些附属的信息和属性。

与 Shapefile 相比，工程文件只是实际数据（例如 Shapefile 和要素类等）的链接/引用。它并不是实际数据，因为它并不存储数据的属性或几何信息。工程文件主要存储要素的符号系统，以及与 QGIS 应用程序中所查看数据内容相关的其他图层属性。

4. QGIS 基础

QGIS 是比较流行的开放式地理信息系统软件，用户可以通过网站（https://www.qgis.org 或 https://www.qgis.org/en/site/）免费下载软件。

作为一款友好的开源软件，QGIS 具备着良好的易用性、稳定性和可扩展性，QGIS 能够在 LinuX、Unix、Mac OS 和 Windows 等多个平台上运行，同时支持 Shapefile、SpatiaLite/PostgreSQL/MS SQL/Oracle、GRASS、GeoPackage、OGR supported formats 等多种数据格式，深受技术人员和学者的喜爱。

QGIS 与其他开源软件一样研发速度很快，几乎每个月都会推出一个新版本，并且每年会推出一个长期支持版本（Long Term Release，LTR），如图 1-4 框选位置所示。相对于最新的 QGIS 版本，长期支持版本更加稳定。

图 1-4　QGIS 当前 LTR（框选所示）

（1）QGIS 的下载与安装　QGIS 的使用与二次开发都免费，用户可以登录网站（https://www.qgis.org/en/site/）下载软件，目前 QGIS 网站提供超过 30 种以上的语言支持，用户可以在上述地址页面右上角"语言"栏选择中文（图 1-5），进入下载页面。

图 1-5　QGIS 下载页面

当前的 QGIS 下载界面中软件提供三种不同的版本，用户可以根据需求选择合适的版本以满足不同的需求，如图 1-6 所示。

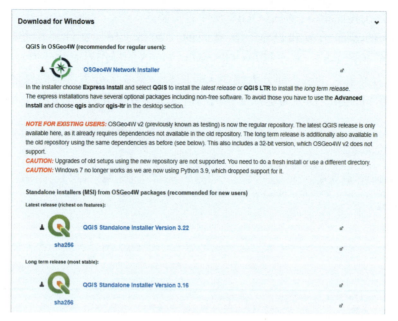

图 1-6　不同类型的安装包下载版本

① 开发版本（QGIS in OSGeo4W）。开发版本以最新的 QGIS 版本为基础，加入了包括 Python 开发系统及 Qt 界面开发系统在内的软件包，适合从事 QGIS 二次开发工作的用户使用。

② 最新版本（Latest release）。最新版本供用户体验最新的软件环境与功能。

③ 最新的长期稳定版本（Long term release）。即上文提到的 LTR 版本。

以上版本所提供的都为 MSI 文件，软件开发体系比较完整，文件比较大，都为 64 位。但为了方便教学和具体使用，QGIS 提供了前期的各版本软件，并考虑到不同位数操作系统的需求，大部分版本都分别提供了 64 位和 32 位的下载包，如图 1-7 所示（下载地址：https：//download.qgis.org/downloads/）。

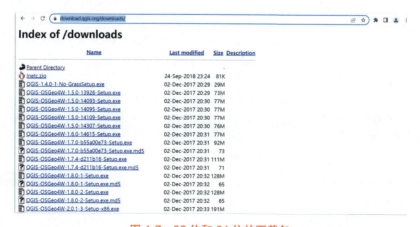

图 1-7　32 位和 64 位的下载包

本书中所选的 QGIS 版本都为 LTR 版本，下载时单击 3.16 版本图标即可完成下载。软件下载完成后，按界面指引，完成 QGIS 软件的安装。

（2）QGIS 的界面组成和设定　在桌面的"QGIS 3.16"文件夹中找到图标"QGIS Desktop 3.16.16"（图 1-8），双击打开 QGIS 窗口。QGIS 的操作界面共分为六部分（图 1-9），图中第 1 部分为菜单栏，第 2 部分为快捷工具图标，第 3 部分为各类图层信息栏，第 4 部分为图层展示窗口，第 5 部分为坐标及比例尺信息，第 6 部分为工具箱。

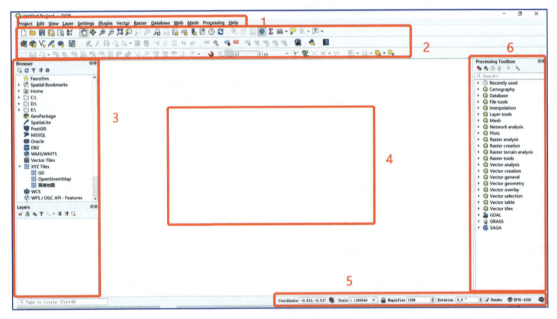

图 1-8　QGIS 启动图标

图 1-9　QGIS 界面的构成

默认安装的 QGIS 软件界面为英文显示，为方便使用可以调整为中文显示，步骤如下：

① 选择菜单栏"Settings"-"Options"（图 1-10）。

② 在"Options-General"对话框中的"Override System Locale"复选框前打钩。

③ 在"User interface translation"下拉菜单选择"简体中文"，再选择右下角"OK"。

设置完成后重启软件，软件界面改为中文，如图 1-11 所示。

图 1-10　Options 选项

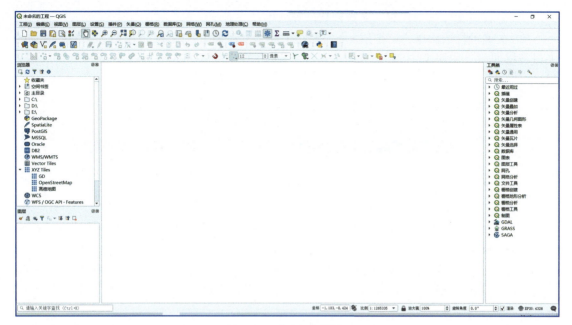

图 1-11 中文显示界面

（3）创建工程　任何一个项目首先必须创建工程，只有在创建了工程后才能逐步进行数据添加和逻辑运算。QGIS 软件在启动面板上支持生成新工程，如图 1-12 所示，用户可以选择工程模板（图 1-12 中 1 所示位置），或者新建工程图标（图 1-12 中 2 所示位置）。

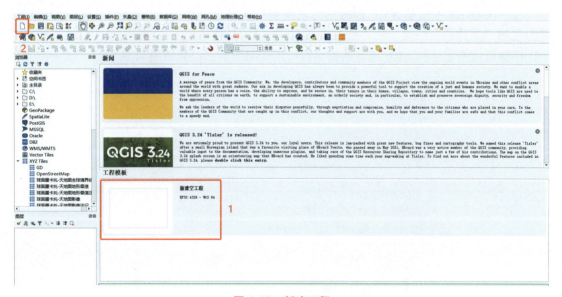

图 1-12 新建工程

工程的保存格式一般为 qgs 或 qgz 文件，注意对项目操作的最后一步必须是保存工程，否则可能导致部分设置信息丢失。

（4）QGIS 加载数据　本任务中提及的加载数据为加载矢量数据，一般来说可以用两种方法将数据载入 QGIS 中：

① 将数据文件直接从文件夹拖到软件界面中。

② 在菜单栏依次单击"图层"-"添加图层"-"添加矢量图层"，用户选择需要添加的矢量数据即可，如图 1-13 所示。

图 1-13　添加矢量图层

（5）载入在线地图　为了保证录入信息数据空间位置的准确性，在数据录入前需要设定坐标系或导入数字背景地图（又称为底图），以方便比较地理空间数据在现实和地图中的位置。目前 QGIS 支持包括 WMS/WMTS、WCS、WFS、ArcGisMapServer、OWS、XYZ Tiles 等多种格式的在线地图，本书中使用的底图都采用 XYZ Tiles 格式添加地图地址。

① XYZ Tiles 的定义。在一定范围内的地图上选取一定的尺寸和格式，按缩放级别或者比例尺，切成若干行和列的正方形栅格图片，切片后的正方形栅格图片被形象地称为瓦片（Tiles）。大图切成瓦片以后，需要对这些图片进行编号和检索，XYZ Tiles 就是目前比较主流的文件编号和命名规则：Z（Z=Zoom）表示地图缩放层级，X 和 Y 表示当前层级的图片坐标。

② 在 QGIS 中添加 XYZ Tiles 的方法主要有两种。方法一，使用鼠标右键单击 QGIS 界面左侧"浏览器"面板下的"XYZ Tiles"，选择"新建连接"，在弹出的"XYZ 连接"对话框中输入地图名称和 URL 地址连接，即可添加地图效果，如图 1-14 所示。

图 1-14　添加高德街道地图

方法二，将日常使用的多个 URL 地址连接整理在一个 XML 文档中，格式如图 1-15 所示，在 QGIS "浏览器"面板中使用鼠标右键单击"XYZ Tiles"，从弹出菜单中选择"加载连接…"，如图 1-16 所示，在弹出的"加载连接"对话框中，选择上文保存的 XML 文件并单击"打开"，回到 QGIS 主窗口，展开"XYZ Tiles"节点，即可看到所导入的底图。

图 1-15　XML 格式

图 1-16　加载 XML 连接

知识拓展：三十年"硬核"自主创新，中国 GIS 迎来新起点

1977 年，中国科学院院士陈述彭率先提出了开展我国地理信息系统研究的建议，之后，众多高等院校和科研院所在 GIS 研究方面做了大量工作。20 世纪 80 年代中期以后，

中国地质大学（武汉）成功研发中国第一套基于矢量数据处理的 GIS 基础软件 MapCAD。随后，MapGIS、CityStar、GeoStar、APSIS、WinGIS 等国产 GIS 平台在短短几年内纷纷涌现。

2001 年，"863 计划"启动后，中地数码（MapGIS）和超图软件（Super-Map）横空出世，成为之后 20 年国产 GIS 软件"双雄"。

2005 年，我国"神舟六号"飞船着陆 22min 之后，搜救部队直升机抵达着陆现场，其所使用的系统正是基于 MapGIS 开发的"载人航天任务主着落场搜救辅助决策系统"。从"神一"到"神七"，GIS 软件一直为返回搜救系统提供支持，为我国航天事业的发展做出了贡献。

中国 GIS 发展经过了"高歌猛进"的 30 年，穿越漫长崎岖的赛道，国产品牌从追赶者一步步跃升至领跑者，今日的中国产品已有足够的自信与国外产品共同成长，国产品牌不仅能自主创新，也拥有服务中国需要的产业担当和自信。

 实施与评价

请按照"任务工单 1　导入市区物流信息点图层"要求完成本任务。

任务 2　制作市区物流信息点图层

 任务描述

本任务要求学习并掌握 QGIS 软件的基本操作，完成基于地理要素特征的符号化，进行市区物流信息点图层的制作。

学习目标

知识目标
1. 掌握图层文件的创建方法。
2. 掌握要素点的添加方法。
3. 掌握数据属性的添加、修改和删除方法。

技能目标
完成 QGIS 项目的创建，并完成快递网点图层制作。

素养目标
培养爱国主义热情、民族自豪感和使命感。

项目 1　市区物流/快递信息点的数据处理　011

> **引导提问**：Shapefile 文件中最重要的三种文件类型分别是哪三种格式？

一、POI 概念

对于地图产品而言，某个地理位置周边的信息，称为 POI（point of information 或 point of interest）。在地理信息系统中，一个 POI 可以是一栋房子、一个商铺、一个邮筒、一个公交站等。

在 GIS 中，POI（兴趣点）按其所自生属性进行分类，每个分类都有相应的行业的代码和名称对应，以方便信息采集的记录和区分。在百度地图中，POI 按对应的行业类型共分有 17 个一级行业（图 1-17 所示为百度 POI 分类），而在高德 POI 中类别共分为 20 个大类，每个大类别还有二级以及三级的细小划分。除此之外，POI 信息点一般还带有相关的属性，属性的内容可以是信息点的位置、电话号码、相关等级等信息。

一级行业分类	二级行业分类
美食	中餐厅、外国餐厅、小吃快餐店、蛋糕甜品店、咖啡厅、茶座、酒吧
酒店	星级酒店、快捷酒店、公寓式酒店
购物	购物中心、超市、便利店、家居建材、家电数码、商铺、集市
生活服务	通信营业厅、邮局、物流公司、售票处、洗衣店、图文快印店、照相馆、房产中介机构、公用事业、维修点、家政服务、殡葬服务、彩票销售点、宠物服务、报刊亭、公共厕所
丽人	美容、美发、美甲、美体
旅游景点	公园、动物园、植物园、游乐园、博物馆、水族馆、海滨浴场、文物古迹、教堂、风景区
休闲娱乐	度假村、农家院、电影院、KTV、剧院、歌舞厅、网吧、游戏场所、洗浴按摩、休闲广场
运动健身	体育场馆、极限运动场所、健身中心
教育培训	高等院校、中学、小学、幼儿园、成人教育、亲子教育、特殊教育学校、留学中介机构、科研机构、培训机构、图书馆、科技馆
文化传媒	新闻出版、广播电视、艺术团体、美术馆、展览馆、文化宫
医疗	综合医院、专科医院、诊所、药店、体检机构、疗养院、急救中心、疾控中心
汽车服务	汽车销售、汽车维修、汽车美容、汽车配件、汽车租赁、汽车检测场
交通设施	飞机场、火车站、地铁站、长途汽车站、公交车站、港口、停车场、加油加气站、服务区、收费站、桥
金融	银行、ATM、信用社、投资理财、典当行
房地产	写字楼、住宅区、宿舍
公司企业	公司、园区、农林园艺、厂矿
政府机构	中央机构、各级政府、行政单位、公检法机构、涉外机构、党派团体、福利机构、政治教育机构

图 1-17　百度 POI 分类

二、图层的创建

1. 图层文件的创建

本书中图层文件均以 SHP 格式为例说明，选择"新建 Shapefile 图层"（图 1-18 圈所示）图标，在弹出的"新建 Shapefile 图层"对话框中进行相关信息的设置。图层文件的主要属性设置包括名称、编码、几何图形类型、附加维度和属性表设置等。

图 1-18　新建 Shapefile 图层

1）文件名设置。不同于其他软件，QGIS 在设置图层名称时必须先指定文件位置，否则系统将会默认把图层保存在 C 盘的临时文件夹中。选择"文件名"栏后的"浏览"　　按钮，如图 1-19 所示，在弹出的对话框中设置保存的位置和文件名称，如图 1-20 所示。选择保存后，返回"新建 Shapefile 图层"，如图 1-21 所示。

图 1-19　选择浏览按钮

图 1-20　设置图层文件保存位置

图 1-21　完成文件名、位置及编码设置

2）编码和几何图形设置。QGIS 支持包括 System、BIG5、UTF-8、Apple Roman 在内的多种编码格式，任意格式可以在 QGIS 中互相转换。编码一般设置为 System 或 UTF-8 即可，如果图层中有特殊字符显示要求，可及时根据要求修改显示编码。

3）QGIS 中要求在创建图层时对几何图形类型进行设置，目前图层所支持的几何图形包括四种：点、点集、线、多边形，用户可根据需求进行类型设置，如图 1-22 所示。

图 1-22　编码和几何图形类型

点（point）和点集是由一组坐标组成，用符号表示，是最简单的空间地理单元；线（line）由某一线段或连续线段组成，具有长度、起点和终点；多边形（polygon）是由线组成的闭合空间，是一个封闭的多边形，具有面积及周长。

2. 属性表的设置和修改

QGIS 可以在定义图层的时候完成属性表的设置，也可以后续在属性表中再修改、添加字段。属性数据是与空间位置相关、反映事物某些特性的数据，如名称、类型、数量等，一般用数值、文字表示，也称为非空间数据。属性数据表现了空间实体以外的其他属性特征，是对空间数据的补充说明。

当前属性表支持的字段类型包括文本数据、整数、小数、日期四类（图 1-23），用户可以根据字段的用途进行类型设置。QGIS 的另外一个特点是支持字段设定长度范围，这样可以更好地灵活利用空间，如图 1-24 所示的图层文件，将"名称"定义为"网点"，"类型"定义为"文本数据"，"长度"定义为"40"，选择"添加到字段列表"，完成字段的添加。当所有的字段都添加完毕后，选择对话框下方的"OK"按钮，完成字段的创建。

图 1-23　字段的类型

图 1-24　新建字段

完成要素的添加后，属性表就会自动生成。属性数据通常以表格的形式存储在数据库中，使用表达式可以对表格进行查询和过滤，得到空间数据子集。

3. 要素的添加

QGIS 中新建的图层文件中没有任何数据，需要添加要素来填充。要素包括两个部分，即要素在地图中的位置和属性。要素位置在要素创建时确定，要素属性则是相关字段所对应的数据，即保存在属性表中的字段内容。查看要素属性如图 1-25 所示，在"图层"面板中右键单击图层名称，从弹出菜单中选择"打开属性表"；或者选中图层后，单击"属性"工具栏上的"打开属性表"按钮，即可看到该图层对应的要素信息。

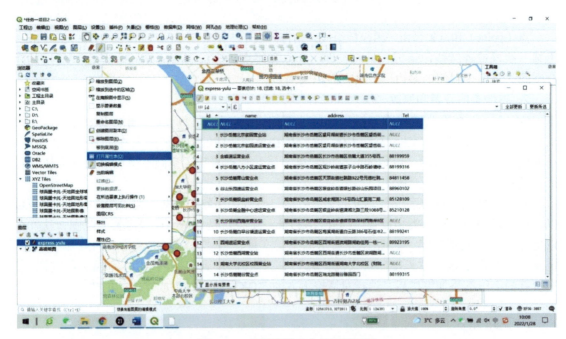

图 1-25　查看属性表中的要素属性

1）添加要素。添加要素首先必须保证图层处于可编辑状态下。在图层栏中选择需要添加要素的图层，单击工具图标"切换编辑模式"（图 1-26 圈所示），进入编辑状态。

图 1-26　进入图层编辑状态前后图标变化

选择工具图标"添加点要素"，当鼠标变成标靶形状后再在地图上指定位置单击左键，弹出"要素属性"对话框，进行相关的字段值填写。填写完成后选择对话框下方"OK"按钮，完成数据添加，如图 1-27 所示。

所有要素添加完毕后，依次选择工具图标"保存图层编辑""切换编辑模式"（图 1-28 圈所示），保存数据并退出编辑状态。

2）选择和修改简单要素位置。如果要素位置定位错误，则需要调整，可在编辑状态下选择单个要素并移动其位置。选择工具图标"移动要素"（图 1-29 圈所示），当鼠标变为十字形后，选择要素，先后分别单击初始位置及最终移动目标位置，完成要素位置修改。

图 1-27　添加新要素的属性　　　　　　　　图 1-28　保存并退出编辑状态

图 1-29　移动要素位置

知识拓展：飞速发展的我国统计地理信息系统

我国统计地理信息系统的普查应用建设虽然起步较晚，但发展迅速。自 2001 年起，国家统计局普查中心与国家基础地理信息中心、北京超图软件股份有限公司合作，开展以基本单位普查为基础的国家社会经济统计地理信息系统建设。

从 2006 年开始，在国家"863 计划"专项支持下，北京超图软件股份有限公司研发了具有自主知识产权的普查图绘制与管理软件，在第二次全国经济普查中投入使用，从此开始，我国的经济普查、人口普查和农业普查开始进入 GIS 时代。

请按照"任务工单 2　制作市区物流信息点图层"要求完成本任务。

任务 3　筛选主干站点 POI 点

 任务描述

本任务要求学习并掌握 QGIS 软件的基本操作，完成基于属性表的修改和显示数据的筛选，进行市区物流信息点要素显示设置。

 **学习目标**

知识目标
1. 掌握属性表的修改方法。
2. 掌握要素不同属性信息显示的调整方法。
3. 掌握要素按属性分类信息显示的调整方法。

技能目标
实现不同区域的快递营业点的不同层次符号化显示。

素养目标
培养爱国主义热情、民族自豪感和使命感。

 知识准备

引导提问：对属性表修改后删除里面的一条记录，图层数据会带来什么样的变化？

1. 属性表的修改

属性表最简单的修改操作包括添加字段和删除字段。

1）添加字段。属性表中的记录由多个不同的属性字段构成，新增加一个字段意味着对所有的记录都需要修改，所以一般在建立属性表时就完成字段的添加。如果在后续需要修改或添加字段，需要进行编辑属性表的操作。

在"图层"面板上选择指定图层，右键单击选择"打开属性表"。在打开的属性表菜单栏上切换编辑模式，选择"新建字段"图标，如图 1-30 所示。

在弹出的"添加字段"对话框中，依次对"名称""类型""长度"字段关键字进行设置，选择"OK"按钮完成添加。如图 1-31 所示。

完成字段添加后，为了方便对字段属性进行观察，可以改变字段在属性表中的位置。对任意字段名右键单击选择"组织列"，或者在对话框菜单栏里选择"组织列"图标，在弹出对话框中，可以拖拽移动字段在属性表中的位置，如图 1-32 所示。

项目 1　市区物流 / 快递信息点的数据处理　017

图 1-30　新建字段

图 1-31　输入字段关键字

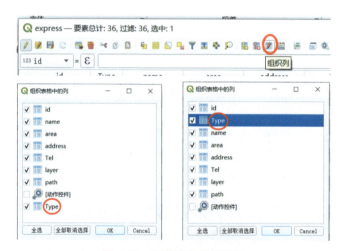

图 1-32　调整字段显示位置

2）删除字段。QGIS 中属性表中字段类型定义后就无法修改，如果字段有类型或名称定义错误，只能删除后再重新添加字段。删除字段操作与添加字段类似，在"图层"面板上选择指定图层，右键单击选择"打开属性表"，在属性表菜单栏上切换编辑模式，选择"删除字段"图标，完成删除操作，如图 1-33 所示。

在弹出的"删除字段"对话框中，选择对应的删除字段，选择"OK"按钮，完成删除。如图 1-34 所示。

3）使用计算器添加字段。QGSI 支持快速生成字段及填充字段内容。在编辑模式下选择属性表上的"字段计算器"图标，字段计算器能根据计算条件快速生成新的字段并填充，或者对现有的字段值进行全修改。在弹出的窗口中选择"新建字段"单选框，在下方的"输出字段名称""输出字段类型""输出字段长度"等属性栏按新建字段操作设置，如图 1-35 所示。

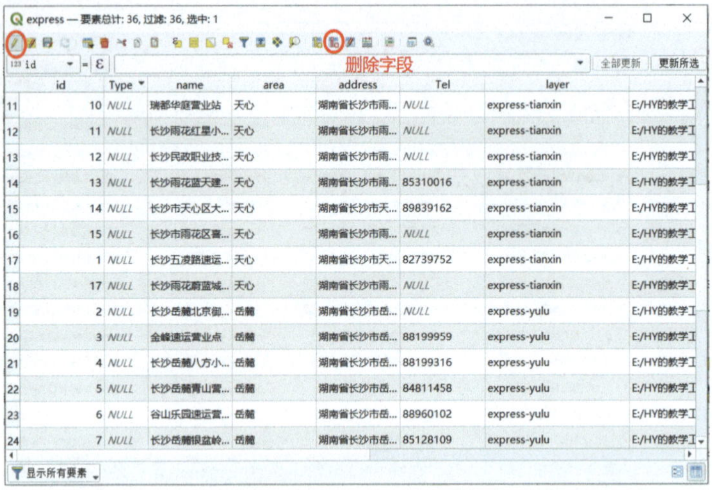

图 1-33 删除字段

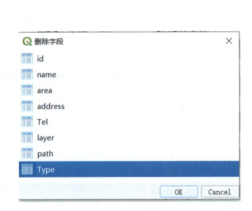

图 1-34 删除字段

图 1-35 新建字段

若要进行新建字段的内容填充,可在"表达式"中填写新增字段与原有字段的对应关系;若要进行现有字段内容修改,可选择"更新现有字段"单选框,并在下方字段选择处确定对应的字段(图 1-36 中红框),再在"表达式"中填写更新内容。

2. 要素图标的显示

将图层载入 QGIS 之后所有的要素图形都为同一图形(点要素一般为圆形),且大小都为统一值,颜色随机分配,这样的显示方式工作中使用时极不方便。为了方便数据的显示,要素创建完成后需要对要素显示进行设置。

在"图层"面板上选择指定的图层,右键单击选择"属性",在弹出对话框中选择"符号化"选项卡,对要素进行显示设置:在"符号栏"中选择符号的类型,再进行"大小""颜色""不透明度"等选项设置,如图 1-37 所示。

QGIS 能够将同一要素按不同的属性类型进行分类显示。在"符号化"选项卡中对下拉菜单选择"分类",如图 1-38 所示。

图 1-36　更新现有字段

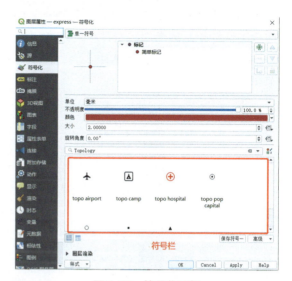

图 1-37　符号化面板

要素的分类显示要求根据属性值来判断:

① "值"栏目选定指定字段,分别确认符号的形状和颜色。

② "符号"选择显示的基本符号形状。

③ "颜色渐变"选择要素颜色变化的规律。

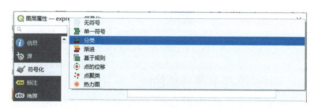

图 1-38　分类显示

完成设置后,选择窗口下方"分类"按钮,完成要素分类设置,如图 1-39 所示。

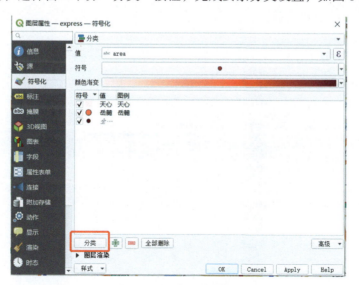

图 1-39　要素的分类设置

3. 要素的属性字段的显示

为了方便在地图上对要素进行描述，QGIS 能将要素属性值标记在图层上。在"图层"面板上选择指定的图层，右键单击选择"属性"，在弹出对话框中选择"标注"选项卡，在"自动布局设置"下拉菜单选择"单一标注"，"值"下拉菜单选择指定的属性字段，如图 1-40 所示。

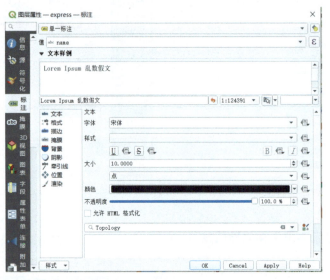

图 1-40　单一标注设置

默认情况下图层标注的文字为宋体、10 号字，文字显示在要素点的正上方，部分文字与要素重合，用户可以根据需要对文字的格式及位置进行调整。在"标注"选项卡中对左下方"文本""格式"等子项栏进行设置，以修改显示文字格式；对"位置"子项栏进行设置，能修改文字与要素的相对位置。偏移方向设置如图 1-41 所示，在"位置"子项栏中，"模式"下拉菜单选择"离点偏移量"，通过 8 个象限的方位以及横、纵坐标偏移来确定文字与要素在地图上的位置关系。

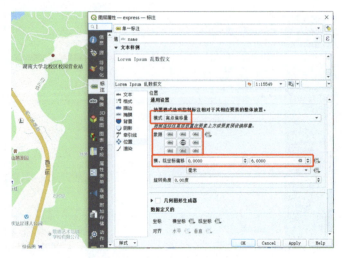

图 1-41　偏移方向设置

另外，QGIS 还能够实现多个字段值同时在图层上显示。选择下拉菜单"值"后方的图标 ε，打开表达式计算器，在搜索栏中查找字段名称并添加到表达式中，并以逻辑符号"+"相连接，实现对多字段同时显示；完成设置后，选择"OK"按钮返回"标注"选项栏，如图 1-42 所示，"值"的内容为多个字段的共同显示，如图 1-43 所示。

图 1-42　"值"的多字段设置

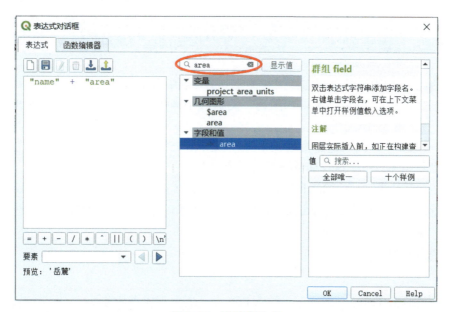

图 1-43　设计表达式

4. 图层的合并

很多情况下，要素分别将两个图层合并以方便数据的操作，这时候需要使用"合并矢量图层"命令。在工具箱搜索栏中输入"合并矢量图层"，打开"合并矢量图层"工具面板，如图 1-44 所示。

在"合并矢量图层"面板上，选择"输入图层"后的 图标，指定需要合并的图层，如图 1-45 中圈所示；然后在"输入图层"中指定坐标系；最后在"合并输出"中指定保存位置并将图层命名，完成对合并图层属性设置。

图 1-44　打开合并矢量图层面板

图层的合并必须遵循同类型合并的原则，如点图层不能与线图层合并。完成图层合并后将在图层面板中添加一个新的图层，图层内容为原有两个图层的合集。

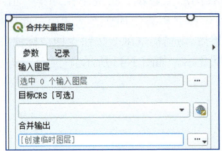

图 1-45　合并图层并选择合并输出位置

知识拓展：中国快递业发展：从大到强的"邮政强国"之路

1984 年，中国邮政开办国内特快专递业务，开创中国快递业之先河。

1994—2002 年，申通、顺丰、圆通、韵达和中通等一批民营快递企业如雨后春笋般涌现。

2010—2020 年，我国快递量增长率每年保持在 25% 以上，截至 2020 年，已连续 8 年增长位居世界第一，占全球快递业务量的六成以上。

2021 年 12 月 8 日，一箱来自四川省眉山市东坡区多悦镇正山口村乡村快递超市的爱媛橙正式宣告国内第 1000 亿件快递发出，中国快递正式进入"千亿件时代"。

 实施与评价

请按照"任务工单 3　筛选主干站点 POI 点"要求完成本任务。

任务 4　导出与导入 POI 信息

 任务描述

本任务要求学习并掌握 QGIS 软件的基本操作，完成基于地理要素特征的外部数据的引入，进行市区物流信息点数据的数据导出与导入操作。

知识目标

1. 掌握简单的地理信息坐标概念。

2. 掌握要素属性及坐标的导出方法。
3. 掌握外来数据及坐标信息的导入方法。

技能目标

实现不同区域的快递营业点信息及位置的导出及导入。

素养目标

培养爱国主义热情、民族自豪感和使命感。

> **引导提问**：投影坐标系和地理坐标系是不是一一对应的？

一、坐标系概念

地球表面不平坦，其大概形状更接近于一个南北两极稍扁赤道略鼓的椭圆，为了方便表示球体上的位置，我们习惯用经纬度来表示地球上的一个点的位置，如点 P 位于北纬 36.36°，东经 98.98°，可以表示为 P（98.98°E，36.36°N）。其中，E 代表东（East），N 代表北（North）。这种用**角度值**（可以是十进制，也可以是度分秒）来表示空间上的点所用到的坐标参考，称为地理坐标系（Geographical Coordinate System，GCS）。与之相对的是以地球表面某个点为中心，用**米、千米**这种单位表达与这个点的距离的坐标体系，即用笛卡尔平面直角坐标系表示的点，称为投影坐标系（Projection Coordinate System，PCS）。

地理坐标系与投影坐标系的广义定义如下：投影坐标系 = f（地理坐标系）。即，投影坐标系是基于一个地理坐标系依照法则 f 投影而定义的。必须要牢记：**一个投影坐标系，必然包括一个投影方法和一个地理坐标系**。

> **引导提问**：地理坐标系有哪些呢？投影方法有哪些呢？基于某个地理坐标系，又有哪些投影坐标系呢？

1. WKID 和 EPSG

WKID（Well Known ID）即众所周知的 ID 的意思，WKID 是对不同类型的地理坐标系的编号说明，在 GIS 的每个地理坐标系中必须有一个 WKID，如 WKID=4326。而 EPSG（European Petroleum Survey Group）是管理这些 ID 的一个组织，一般情况下，也可以用 EPSG 来表示坐标系的编号，如 WKID=4326 也可以表示为 EPSG：4326。

2. 地理坐标系

常见地理坐标系及 WKID 包括：

1）世界大地测量系统（World Geodetic System，WGS）。它是美国 GPS 使用的一个全球地理坐标系，最新版本为 WGS84（WKID=4326）。Open Street Map（OSM）、谷歌地图（国外版）、Landsat 系列卫星影像图等均套用这个地理坐标系。因为应用广泛，许多开发地图的应用程序接口（API）默认使用 WGS84，我们在网上交流的数据大多数也是 WGS84 的，加密前的高德地图、百度地图用的也是 WGS84。

2）2000 国家大地坐标系（China Geodetic Coordinate System 2000，CGCS2000）（WKID=4490）。我国的北斗卫星导航系统以及国家地理信息公共服务平台发布的"天地图"使用的是这一套地理坐标系。

3. 投影方法

光线照到物体上，使得物体产生的阴影形状，就称为它的投影，当投影的对象由曲面变成平面，如球体（比如地球）、锥体、柱体等，光源在不同的投影角度下，即不同的投影方法下，对投影对象会产生不同的投影效果，从而得到不同的阴影视图。这样得到的一组投影视图，构成同一**投影坐标系**。不同曲面的投影效果如图 1-46 所示。

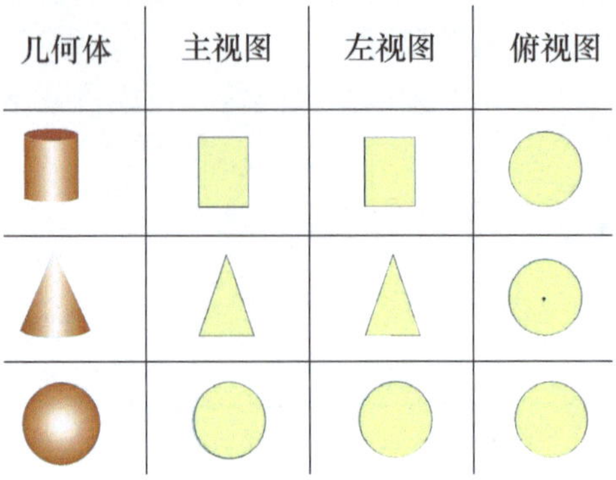

常见的投影方法包括如下几种：

1）高斯 - 克吕格投影。我国的基本比例尺地形图（1∶5000、1∶1 万、1∶2.5 万、1∶5 万、1∶10 万、1∶25 万、1∶50 万）均采用高斯 - 克吕格投影，也就是比例尺大于等于 1∶50 万的都采用这一投影。

图 1-46　不同曲面的投影效果

2）墨卡托投影。墨卡托投影的特点是纵轴（即投影面）是个圆柱，与地球赤道相切（像立着的水管里塞了个乒乓球）。

3）网络墨卡托。这是由 Google 提出的为了 GoogleMap 而专门定义的一种投影，是墨卡托投影的一种变种。这种投影的特点主要是将地球椭球面当作正球面来投影，会导致一定的误差，目前经常被百度地图等网络地图采用。

4. 常见投影坐标系及对应的地理坐标系

由定义可知，同一种计算法则作用于不同的地理坐标系可以得到不同的投影坐标系，这样一类的投影坐标系统称为同一投影坐标系统簇，下面就我国常用的系统簇进行介绍：

1）基于高斯 - 克吕格投影的投影坐标系统簇。高斯 - 克吕格投影方法允许分带表达，所以该投影坐标系统簇有很多个。在我国，CGCS2000 可以使用高斯 - 克吕格投影定义出投影坐标系。以 WKID=4547 为例，WKID=4547 投影坐标具体定义为地理坐标系为 CGCS2000，使用 3° 分带规则，中央经线为东经 114°，使用高斯 - 克吕格投影的投影坐标系，并且平面坐标系的经度方向上的 Y 坐标值无投影带号。

2）基于网络墨卡托的投影坐标系统簇。当前，我国的高德地图、百度地图、腾讯地图，国外的谷歌地图、OSM 地图都用了网络墨卡托来平面化展示，不过网络地图一般要用一种特殊的算法——火星坐标系（GCJ02）进行加密计算。加密后的 WGS84 坐标 WKID=3857，它与真实的 WGS84 坐标是有误差的，这个误差值并不固定，通常是几十米或几百米，3857 投影坐标系如图 1-47 所示，本书高德矢量底图使用的投影坐标系都为该坐标系。

图 1-47　3857 投影坐标系

二、要素属性及坐标的导出

QGIS 中支持要素数据的导出。在"图层"面板中选择指定的图层，右键单击选择"导出"-"要素另存为"，打开"矢量保存"对话框，如图 1-48 所示。

图 1-48　打开矢量保存对话框

QGIS 支持多种数据格式导出，使用较多的一般为下面两种数据格式导出方式。

1. SHP 格式导出

如果要求图层要素属性导出，且导出文件能直接应用于其他的项目中，可以选择导出数据为 SHP 格式。在"另存为"窗口进行如下设置：

①"格式"选择"ERSI Shapefile"。
②"文件名"指定保存位置和保存的文件名称。
③"CRS"指定采用的地理坐标系。
④"编码"保持"UTF-8"不变。
⑤ 在"选择要导出的字段及导出选项"子栏目中将需要导出的字段打钩，确定导出的字段名称，如图 1-49 所示。完成参数选择单击"OK"按钮，完成数据的导出。

图 1-49　SHP 格式保存数据

2. CSV 格式导出

如果需要提出要素的属性数据，以方便修改或进行数据合成，以及在不同平台和坐标系下通用，则需要选择 CSV 格式导出。CSV 支持在不同的数据库中导入，也可以使用 Excel 打开文件。在"另存为"窗口进行如下设置：

① "格式"选择"以逗号分隔的值'CSV'"。
② "文件名"指定保存位置和保存的文件名称。
③ "CRS"指定采用的地理坐标系。
④ "编码"保持"UTF-8"不变；对要素字段的导出操作 与 SHP 格式导出相同。
⑤ 在"选择要导出的字段及导出选项"子栏目中将需要导出的字段打钩；如果需要导出要素点的坐标值，需要首先保证导出的图层现有坐标系为地理坐标系，再在"图层选项"子栏目中对"GEOMETRY"项选择"AS_XYZ"，如图 1-50 所示，选择"OK"按钮，完成数据的导出。

图 1-50　CSV 格式保存数据

导出后的数据为 CSV 格式文件，默认的打开方式为 Excel，但是受 Excel 无法识别 UTF-8 编码的影响，打开后的 CSV 文件显示内容为乱码，如图 1-51 所示。为了查看文件内容，必须要将现有的 UTF-8 编码转换为可识别汉字字符的其他编码，方法：新建空白 Excel 文档，选择"数据"-"从文本/CSV"，如图 1-52 所示，在弹出的菜单中选择"加载"，完成数据的转换，如图 1-53 所示。转换后的数据如图 1-54 所示。

三、数据及坐标的导入

1. CSV 数据导入

CSV 格式数据转换为 Excel 格式后，可以快捷地实现数据修改，提高工作效率，但是修改完毕后的文档编码 QGIS 不支持显示，强行导入会导致图层属性表内容为乱码，所以需要对数据文件重新转码：对指定 CSV 文件右键单击选择"打开方式"-"记事本"，用记事本打开 CSV 文件，然后选择另存为，在"编码"栏中设置为 UTF-8 格式，如图 1-55 所示。完成转码后的 CSV 数据可以导入 QGIS。

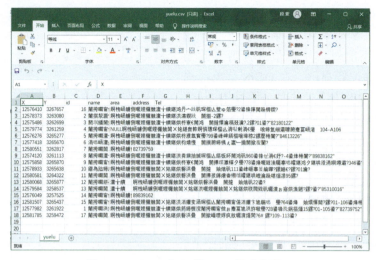

图 1-51　Excel 打开的 CSV 格式为乱码

图 1-52　导入 CSV 文件

图 1-53　完成转换

图 1-54　转换后的数据

在导入 QGIS 前，需要检查 CSV 格式数据中是否有 X、Y 坐标值属性，如果没有则需要在文件中添加对应坐标值，否则要素无法在底图上正确位置显示。在 QGIS 菜单栏选择"图层"-"添加图层"-"添加分隔文本图层"（图 1-56），在弹出的对话框中进行如下设置：

① "文件名"选择要导入的 CSV 数据。
② "图层名"填写在 QGIS 中图层的名称。
③ "编码"选择"UTF-8"。

对要素点定位需要确定坐标系、X 坐标值及 Y 坐标值，在"几何图形定义"子栏目中分别对"X 字段""Y 字段"选择对应的字节，以确定 X、Y 坐标值。

在"几何图形 CRS"中选择数据对应的地理坐标，如图 1-57 所示，选择"加载"，完成数据的转换。

图 1-55　文件转码 UTF-8 格式

图 1-56　数据添加

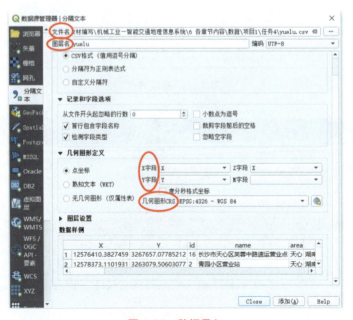

图 1-57　数据导入

项目 1　市区物流/快递信息点的数据处理　029

2. 坐标系的转换

CSV 文件的位置表示一般采用 X、Y 坐标值来表示经纬度，因此坐标系多为 WGS84，但是电子地图应用中为了更好地反映实际的距离，需要将导入的地理坐标系转换为投影坐标系，因此导入的 CSV 文件一般涉及坐标系的转换问题。一般情况下，为了保证导入坐标的准确性，CSV 导入时采用地理坐标系。完成后，再在 QGIS 中对 CSV 导出图层文件（SHP），转换投影坐标系。

（1）传统的地理坐标系转换投影坐标系方法　QGIS 为了方便地理坐标系转换为投影坐标系，在工具箱中提供了对应的转换工具。选择 QGIS 工具箱"矢量通用"-"重投影图层"（图 1-58），在弹出的对话框中进行如下设置：

①"输入图层"填写在 QGIS 中图层的名称。

②"目标 CRS"填写计划重投影的投影坐标系（图 1-59）。

图 1-58　重投影图层

图 1-59　重投影设置

用此类方法只能处理标准的投影坐标系转换，不适用于不公开转换参数的网络墨卡托投影坐标系转换。

（2）地理坐标系转换为不公开参数的投影坐标系方法　目前使用较多的地理坐标系为 WGS84 坐标系，而事实上如高德、百度等企业使用的投影坐标系为网络墨卡托的投影坐标系，即有自己独特的、非公开的坐标转换公式，这种情况下普通工具难以实现转换，需要在 QGIS 上使用其他插件，可以考虑载入 GeoHey 插件。保证网络连通的情况下，选择菜单栏"插件"-"管理并安装插件"，在弹出的对话框中选择"全部"标签栏，在查找栏目中查找"GeoHey"插件并安装，如图 1-60 所示，安装完成退出插件面板。

安装完成后工具箱最下方会添加一个新的插件"GeoHey"，打开"China Coord Convert"子项可以发现，目前版本国内使用较多的地理坐标系与投影坐标系都可以在插件中完成互换（图 1-61）。选择其中任意一项，打开转换面板进行如下操作：

①"Input layer"填写在 QGIS 中图层的名称。

② "Output layer"填写完成投影的图层地址及名称（图 1-62）。

图 1-60　安装 GeoHey 插件

图 1-61　GeoHey 插件使用

图 1-62　投影转换

知识拓展：全国快递业务比较

2021 年，全国快递业务量累计达 1083 亿件，同比 2020 年增长 29.9%。其中，青海省快递业务量增长率最高，达 56.3%，其次为湖北省达 50.9%，第三的辽宁省为 46.8%。

而按快递业务量累计计算，广东省、浙江省、江苏省分别排前三位，分别为294.6亿件、227.8亿件和86.1亿件。其中广东省揭阳市快递业务量高达35.33亿件，占整个粤东地区的八成，排名全国城市第六，是全国快递业的后起之秀。

请按照"任务工单4　导出与导入POI信息"要求完成本任务。

项目 2

交通线路的规划与制作

 项目描述

　　本项目主要在 QGIS 中学习要素的制作，以及在电子地图制作中学习道路的识别与道路符号化设置。学习者通过本项目的学习，能够理解如何在 QGIS 中完成线要素的创建、修改，以及城市道路的符号化与扩路，能够对实际道路的交叉口、转弯口等地标做出化简及标注，通过进行专题图数据的属性处理，实现对城市区域道路的符号化绘制。

任务 5　绘制不同区域城市等级道路

 任务描述

　　本任务要求学习并掌握 QGIS 软件有关线要素的操作，完成城市道路在 QGIS 中的符号化，进行市区道路电子地图的绘制。

知识目标
1. 了解城市道路的等级划分及划分规则。
2. 掌握 QGIS 软件中线要素的绘制和修改方法。
3. 掌握进行城市区域道路的制作流程。

技能目标

完成 QGIS 项目的创建，并依据底图绘制相关道路。

项目 2 交通线路的规划与制作

素养目标
培养积极的劳动态度和良好的劳动习惯,以及不断探索、精益求精的劳动精神。

知识准备

> 引导提问:越宽的道路等级一定越高吗?

一、道路分类

城市道路分类是一项很复杂而且迄今尚未完全解决的问题,一般根据道路在城市规划道路系统中所处的地位区分,视城市规模大小可分为四级或三级。大城市一般分为四级,即主干道、次干道、普通路及小路。小城市分为主干道、次干道及普通路(或小路)。中等城市可视规模按四级或三级划分。街坊内部道路,作为街坊建筑的公共设施组成部分,不列入等级道路之内。不同道路之间的等级由高到低为主干道 > 次干道 > 普通路 > 小路。

二、道路的分类规则

道路分类的要求和具体规则如下。

1. 主干道

主干道是城市的最重要的道路类型,其道路类型依据是否具有中央分隔带被分为两大类,分别为具备中央分隔带道路和单行道。

(1)具备中央分隔带道路 当中央分隔带为物理隔离带(花坛、栅栏)或者为双黄线时,通过判断单向车道数来确定道路是否为主干道:当道路单向为 3 车道以上(含 3 车道)时,该道路为主干道,如图 2-1 所示。

当道路单向为 2 车道时,如果道路设有专用的非机动车道,该道路也为主干道,如图 2-2 所示。

图 2-1 主干道(单向 3 车道以上)

图 2-2 主干道(单向 2 车道带非机动车道)

当道路单向为 2 车道,且没有专用的非机动车道时,如果道路上有禁止非机动车行驶标志牌,该道路也为主干道。

(2)单行道 如果道路为单行道,且道路单向为 3 车道以上(含 3 车道),该道路为主干道，如图 2-3 所示。

2. 次干道

次干道相对于主干道在城市中分布更加广泛，其道路类型依据是否具有中央分隔带被分为三大类，分别为具有物理中央分隔带道路、具有非物理中央分隔带道路和无中央分隔带道路。

（1）具有物理中央分隔带道路　当道路中央分隔带为物理分隔带（花坛、栅栏）或者为双黄线时，可以通过判断单向车道数来确定是否为次干道：当道路单向为 2 车道（含 2 车道），且没有专用的非机动车道和禁止非机动车行驶标志牌时，该道路为次干道，如图 2-4 所示。

当道路为单向车道且少于 2 车道时，该道路为次干道，如图 2-5 所示。

图 2-3　主干道（单行道）

图 2-4　次干道（有分隔带）

图 2-5　次干道（有分隔带且少于 2 车道）

（2）具有非物理中央分隔带道路　当道路中央分隔带为单黄线时，所有的道路都为次干道，如图 2-6 所示。

（3）无中央分隔带道路　当道路无中央分隔带时，要通过判断道路是否为单行道来确定是否为次干道：当道路确定不为单行道，且道路单向为 2 车道以上（含 2 车道），该道路为次干道，如图 2-7 所示。

图 2-6　次干道（单黄线）

图 2-7　次干道（无中央分隔带）

如果道路为单行道，且道路单向为 2 车道以上（含 2 车道），该道路为次干道，如图 2-8 所示。

3. 普通路

普通路的特点为没有中央分隔带或黄线。判断是否为普通路，需要观察道路的铺设程度和路面车道数，具体分为如下三种情况。

（1）道路中央有白实线划分车道　路面被划分为无方向标记的 2 车道以上（含 2 车道）时，该道路为普通路，如图 2-9 所示。

图 2-8　次干道（单行道）

图 2-9　普通路（白实线划分）

（2）道路路面未铺设，无车道线　观察路面，目测路面宽度大于 1 车道时，该道路为普通路，如图 2-10 所示。

（3）道路路面铺设，无车道线　观察路面，若有路面铺设，那么该道路为普通路，如图 2-11 所示。

图 2-10　普通路（无铺设）

图 2-11　普通路（有铺设）

4. 小路

城市道路中对于小路的判断只有一个条件：宽度不超过 1 车道，禁止行车的道路，如图 2-12 所示。

三、高速道路

城市中可以见到的道路还包括高速公路和城市快速路。在电子地图中，高速公路指线路中包括高速公路标志，并且标志中包含关键字"高速"的道路，如图 2-13 所示。高速公路全程无红绿灯，

图 2-12　小路

且不能与其他类型道路相连，仅通过立交桥匝道与同类公路相连接，用来进入或离开高速公路。

高速公路标志牌与其他公路的不同，标志牌均为绿底白字或者白底绿字，一般高速公路都具备路段开始和结束标志牌，如图 2-14 所示。

城市快速路指最少连续 5km 以内无交通信号灯、封闭的高等级道路（如一些市区的环线）。城市快速路要求道路不能与其他道路平面相交，仅通过出入口或立交桥匝道与其他道路连通，如图 2-15 所示。

图 2-13　高速公路

图 2-14　高速公路开始和结束标志牌

图 2-15　城市快速路

四、线要素的添加

线要素是 QGIS 中的三种基本要素类型之一，主要表示现实中具有线性特征的物体。线要素的添加首先要从建立线图层开始。选择"新建 Shapefile 图层"图标，在弹出的"新建 Shapefile 图层"对话框中进行相关信息的设置，其中"几何图形类型"设置为"线"，如图 2-16 所示。指定保存位置和文件名操作与创建点要素相同，完成图层的设置。

图 2-16　几何图形类型

创建后的图层可进行要素添加。在图层栏中选择需要添加要素的图层，单击工具栏图标 ✎"切换编辑模式"，进入编辑状态。选择工具图标"添加线要素"，在鼠标变成标靶形状后，左键单击底图确定第一个点，移动鼠标键逐步单击，完成后续点的确定。当完成所有点的绘制后，单击右键，在弹出的"要素属性"对话框完成相关的字段值填写，选择对话框下方的"OK"按钮，完成线段添加。

五、线要素的修改

任何线要素都是由两点以及之间的连线构成,所以对线要素的修改实质上是修改点的位置和对点的增加和删除。按修改的类型,线要素的修改分为两大类:增加线条、移动线条。

1. 增加线条

增加线条分为新增线条和在线条上修改点两类。

(1)新增线条　新增线条是指新增加一个线要素。在 QGIS 中线条是由多个点构成的,不同的点确定了线的位置和走向。当新增加的线条与现有的线条相连时,就需要要在上一条线段的端点开始绘制新线段,为保证选择端点的准确性,需要开启"自动捕捉"功能。在菜单栏右侧单击右键,打开"面板"列表,将"工具栏"下的"捕捉工具栏"前方框打钩,打开捕捉工具栏,如图 2-17 所示。

选择"启用捕捉"图标　,启动自动捕捉。当自动捕捉开启后,进行添加线要素只需要将鼠标移动到线段的端点即可,系统会自动出现玫红色的方框,表示已经捕捉到线段端点,单击鼠标左键就可以从该点开始一条新线段的绘制。

图 2-17　打开捕捉工具栏

(2)在线条上修改点　对于已经完成的线要素,QGIS 支持对线段进行方向和位置修改,通过对线上的点进行移动,进而改变线段的位置和形状。选择工具图标"顶点工具",鼠标变为十字标靶状,将鼠标分别先后单击线段的目标点(线段上)和最终移动位置(线段外),完成线段的方向和位置的改变,如图 2-18 所示。

图 2-18　移动线段端点

此外,QGIS 还支持在线段上增加、删除点。选择工具图标"顶点工具",鼠标变为十字标靶状,双击线段中某个位置,增加一个新的节点,如图 2-19 所示。

线段上点的删除操作和添加点类似。选择工具图标"顶点工具",鼠标变为十字标靶状,框选线段上的某个点,选择键盘上的"DELETE"键,删除所选的节点,如图 2-20 所示。

一般情况下,对线段上的点删除并不会影响线段的方向和位置,但是如果删除的点位于线段的方向变化段，则有可能带来线段方向的改变，所以线段上点的删除需要谨慎操作。

图 2-19　增加新节点（左为原图，右为增加新节点后）

图 2-20　删除节点（左为原图，右为删除节点后）

2. 移动线条

QGIS 支持线段整体移动。在菜单栏右侧单击右键，打开"面板"列表，将"工具栏"下的"高级数字化工具栏"前方框打钩，打开高级数字化工具栏，选择工具图标"移动要素"（图 2-21 方框圈示），当鼠标变为十字形后，分别先后单击选择当前要素位置以及最终移动目标位置，完成要素位置修改，如图 2-22 所示。

图 2-21　高级数字化工具栏和移动要素图标

图 2-22　移动线段（左为原图，右为移动后）

知识拓展：中国最早的国家统一标准道路——秦驰道

我国记载的最早的全国范围内的公路是秦驰道。秦朝（前 221~前 206 年）修筑的驰道是全国范围内的统一标准公路。秦始皇统一中国后即开始修建以咸阳为中心、通向全国的驰道网。目前有确切记载的驰道有九条，它们分别是西方道、秦栈道、武关道、东方道、并海道、临晋道、上郡道、北方道和秦直道，这些驰道构成了以咸阳为中心，通达全国的道路网，将全国串联在一起，织成一张茂密的"轨道交通网"。

 实施与评价

请按照"任务工单 5　绘制不同区域城市等级道路"要求完成本任务。

任务 6　绘制道路扩路和路口化简

 任务描述

本任务要求学习并掌握 QGIS 软件有关线要素的操作，完成城市道路在 QGIS 中的化简，进行市区道路电子地图道路的扩路和化简。

知识目标

1. 掌握城市道路扩路的规则。
2. 掌握城市道路交叉路口的化简方法。

3. 熟练进行城市区域道路的化简。
技能目标
完成 QGIS 项目的创建，完成道路的扩路和路口化简。
素养目标
培养积极的劳动态度和良好的劳动习惯，以及不断探索、精益求精的劳动精神。

知识准备

> **引导提问**：道路等级越高，就更应优先进行扩路吗？

一、相关概念

1. 道路
道路是供各种车辆和行人等通行的工程设施。在城市道路制作中，非机动车专用道、出租车专用道、公交车专用道、人行专用道（不包含步行街）、服务区、停车区内的加油站道路等均不考虑制作。

2. 节点
节点是两个或更多条道路的连接点，或是一条道路的端点，我们把节点连接道路的数量称为阶数，如果节点连接了 3 条边，就称为 3 阶节点。一个路口最少有两条道路相交，对应的一个节点最少有 2 阶。

3. 扩路
扩路是指符合条件的道路需要制作成特定的形状：双向通行道路扩展成上行、下行两条反向行驶的道路；单向道路扩展成两条同向行驶的道路。

4. 路口化简
路口化简是将路口的实际形状依据扩路的情况和路口的节点数量进行逻辑简化。

二、节点的判断

节点阶数的判断是路口化简的第一步。只有多阶节点才有化简路口的必要。一个节点的阶数最少为 2 阶，当小余 2 阶时，节点不存在。图 2-23 所示路口所在位置连接了 4 条道路，所以该节点为 4 阶节点，其对应的街道电子地图如图 2-24 所示。

但是不是所有的道路都可以判断为节点的阶数，当节点连接的是大门、拐弯、单位内部道路或者为道路尽头时，这样的对应道路不考虑作为阶数。图 2-25、图 2-26 所示路口连接的学校和单位内部道路不记入节点阶数。当一个节点所连接的道路都不计阶数或只有一条道路可以统计阶数时，这类型的节点不作为路口考虑。

三、扩路

现实道路中的某条道路，为了方便在电子地图上表示道路不同的行车方向，要求在地图上对道路进行扩路——将地理上的一条道路在地图上扩充成平行的多条。依据道路的行车方向，扩路分为双向扩路和同向扩路两种：双向扩路为扩展成上行和下行不同方向两条道路，同向扩路为扩展成同向行驶的两条道路。

图 2-23　4 阶节点实景图

图 2-24　4 阶节点街道电子地图

图 2-25　不计节点实景图

图 2-26　不计节点街道电子地图

1. 双向扩路

道路的双向扩路具体形式为上下线分离。上下线分离是指一条现实中的道路因为地图制作的需要在地图中扩展成两条不同方向的路线。道路是否进行上下线分离和道路的等级无关，主要判断依据为道路的中央分隔带及道路宽度。

1）当中央分隔带为物理分隔带、双黄实线、双白实线或变化分隔带时，道路需要进行上下线分离，如图 2-27、图 2-28 所示。

2）当中央分隔带为单黄实线、单黄虚线或双黄虚实线，并且总车道数大于 5 时，道路需要进行上线分离。如图 2-29 所示，虽然图中道路分隔带为单黄实线、单黄虚线，但因总车道数少于 5 车道，所以不进行上下线分离；如图 2-30 所示，双黄虚实线因道路总车道数超过 5 车道，所以需要进行上下线分离。

3）高速公路无论道路是几车道，也无论分隔带是什么类型，都必须制作上下线分离，如图 2-31 所示。

图 2-27　双黄实线　　　　　　　　　图 2-28　物理分隔带

图 2-29　中央隔离为单黄虚线、单黄实线，车道少于 5 条

图 2-30　单黄实线、单黄虚线和双黄虚实线，车道多于 5 条

图 2-31　不同类型中央分隔的高速公路

4)与高速连接的匝道如果为双向匝道,则匝道必须进行上下线分离,如图 2-32 所示。

2. 同向扩路

同向扩路指同一方向的多车道道路,因为地图制作的需要将一条道路扩展成两条同向的道路。同向分离多见于主辅路,是否进行扩路和道路的等级无关。同向扩路的主要判断依据为同向道路的中央分隔带长度、宽度以及道路出口。

1)当同向车道之间设有物理分隔带,且物理分隔带长度大于 100m 时,该道路需要进行同向扩路。如图 2-33 所示,绿化隔离带将主辅道分割,且隔离带长度远远超过 100m,道路需要制作同向扩路。

图 2-32　双向匝道

图 2-33　主辅道分离

2)车道间有物理分隔带或斑马线,且在分隔带范围内存在分离点、合并点或路口时,该道路需要进行同向扩路。如图 2-34 所示,辅道左侧为绿化分隔带,右侧有右转出口(分离点),需要制作同向扩路。

3)同向车道之间有绿化带或斑马线,且绿化带或斑马线宽度大于 5m 时,该道路需要进行同向扩路。如图 2-35 所示,主辅道之间绿化带宽度约等于 3 车道宽度,其宽度明显超过 5m,所以需要制作同向扩路。

图 2-34　辅道有路口

图 2-35　超宽绿化带

四、不同路口形状化简

常见路口的形状一般都多为三岔路口或四岔路口。与实际路口不同,电子地图上出入路口的道路需要考虑是否同向扩路、是否反向扩路、道路宽度在路口两侧差异等情况,导致路口在地图制作中的复杂程度大大超过实际道路路口。在地图绘制中必须遵循如下原则:分离的道路需要标有方向,不扩路的道路无须标记方向;两条道路的交点必须有点标记。

1)出入路口道路为三岔路口,同时无扩路。水平方向道路与竖直方向道路均不进行扩路。根据路口制作原则,路口水平方向道路与竖直方向道路只有一个交点,其样图及化简图如图 2-36 所示。

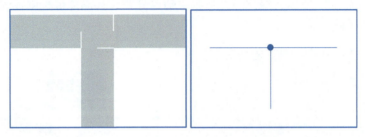

图 2-36　三岔路口无扩路样图及化简图

2)出入路口道路为四岔路口,同时无扩路,水平方向道路与竖直方向道路均不进行扩路。根据路口制作原则,路口水平方向道路与竖直方向道路只有一个交点,其样图及化简图如图 2-37 所示。

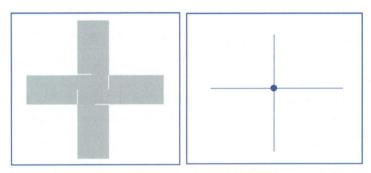

图 2-37　四岔路口无扩路样图及化简图

3)出入路口道路为三岔路口,同时有双向扩路,水平方向道路与竖直方向道路均进行双向扩路。根据路口制作原则,路口水平方向道路与竖直方向道路分别有一个、两个交点,其样图及化简图如图 2-38 所示。

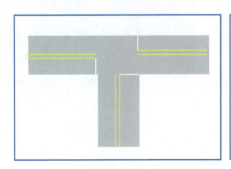 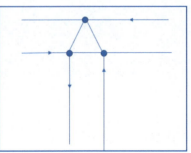

图 2-38　三岔路口有双向扩路样图及化简图

4）出入路口道路为四岔路口，同时有双向扩路，水平方向道路与竖直方向道路均进行双向扩路。根据路口制作原则，路口水平方向道路与竖直方向道路有 4 个交点，每条道路上有 2 个交点，其样图及化简图如图 2-39 所示。

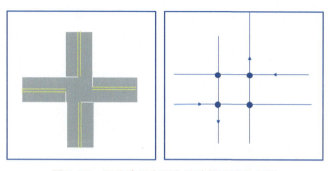

图 2-39　四岔路口有双向扩路样图及化简图

5）出入路口道路为四岔路口，同时出现扩路和不扩路的道路，水平方向道路左侧道路不扩路，而水平方向道路右侧道路及竖直方向道路均进行上下线分离，需要进行不同方向的扩路，即分成两条不同前进方向的平行道路。根据路口制作原则，路口水平右侧道路与竖直道路相交于 2 个节点；水平左侧道路不扩路因此只有一条，与竖直方向道路只有一个交点，与右侧的两条道路沿线、竖直道路共同相交于同一节点，其样图及化简图如图 2-40 所示。

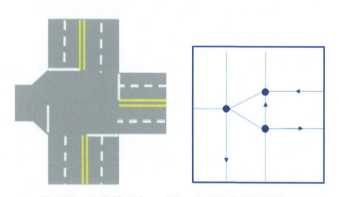

图 2-40　四岔路口有不对称双向扩路样图及化简图

6）出入路口道路为三岔路口，同时出现扩路和不扩路道路时，水平方向道路左侧道路不扩路，而右侧道路以及竖直方向道路均进行上下线分离。根据路口制作原则，路口水平右侧道路与竖直道路相交于 2 节点，水平左侧不扩路，因此只有一条道路，与右侧的上下线道路沿线、竖直道路相交于同一节点，而竖直方向过路口后无延伸，其样图及化简图如图 2-41 所示。

7）当出入路口道路为四岔，同时出现道路宽度不同时，水平方向及竖直方向道路均进行上下线分离。根据路口制作原则，路口水平道路与竖直道路相交于 4 节点，但受到路口左右道路宽度不同的影响，水平左侧道路扩路后应明显窄于右侧道路，其样图及化简图如图 2-42 所示。

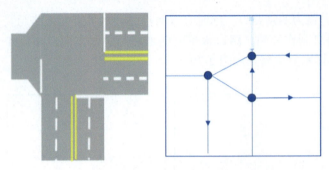

图 2-41　三岔路口有不对称双向扩路样图及化简图

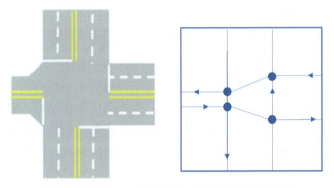

图 2-42　四岔路口有不对称双向扩路样图及化简图

8）当出入路口道路为四岔，同时出现上下线分离和同向分离时，水平方向及竖直方向道路均进行上下线分离，水平道路还要进行同向分离。根据路口制作原则，路口水平道路与竖直道路相交于 4 节点，因竖直方向道路路口以下为不扩路道路，所以需要增加 1 节点，将水平同向扩路相交与竖直方向道路相交于该节点，其样图及化简图如图 2-43 所示。

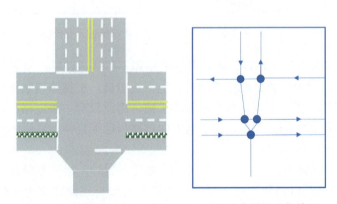

图 2-43　四岔路口有不对称双向、同向扩路样图及化简图

知识拓展：城市"红绿灯"路口拥堵哪家强？

2020 年 7 月，高德地图联合国家信息中心大数据发展部、清华大学戴姆勒可持续交通联合研究中心等权威机构共同发布《2020 第二季度中国主要城市交通分析报告》，对全国 50 个城市路口服务水平进行等级评价。结果显示，早晚高峰时段服务水平较低路口占比较大的城市主要分布在珠江三角洲，排名前三位城市分别为深圳、东莞和西安，占比分别为 10.2%、8.5%、6.6%。全国主要城市重要路口早晚高峰等灯时间的前 20 名中，长三角和珠三角地区的城市占一半。其中东莞的"红绿灯"（信控）路口早晚高峰平均停车延误时长最长，超过 40s/车，是特大城市中早晚高峰等灯路口延误时间最久的城市；深圳的"红绿灯"（信控）路口早晚高峰平均停车延误时长超过 39s/车，在超大城市中延误时间最长；佛山的"红绿灯"（信控）路口早晚高峰平均停车延误时长超过 35s/车，在大中型城市中延误时间最长。

 实施与评价

请按照"任务工单 6 绘制道路扩路和路口化简"要求完成本任务。

任务 7 绘制电子地图的掉头口

 任务描述

本任务要求学习并掌握 QGIS 软件有关线要素的操作，完成城市道路在 QGIS 中的符号化，进行市区道路电子地图的掉头口制作。

知识目标
1. 了解道路掉头口的制作规则。
2. 掌握在 QGIS 中对道路方向的标识要求。
3. 熟练进行城市道路中掉头口的制作。

技能目标
完成 QGIS 项目的创建，完成主干道路的路口掉头路线绘制。

素养目标
培养积极的劳动态度和良好的劳动习惯，以及不断探索、精益求精的劳动精神。

知识准备

> 引导提问：交通中是否存在右掉头的情况？为什么？

一、相关概念

1. 路口掉头

交通法律法规中所说的路口就是两条或者多条道路交汇，在路口改行车方向与行车车道即为路口调头。一般根据掉头的位置，道路掉头分为路段中掉头和路口前掉头，如图 2-44 所示。

图 2-44　路段中掉头和路口前掉头

2. 路口掉头的规则

根据《中华人民共和国道路交通安全法实施条例》第四十九条规定：

1）机动车在有禁止掉头或者禁止左转弯标志、标线的地点以及在铁路道口、人行横道、桥梁、急弯、陡坡、隧道或者容易发生危险的路段，不得掉头。

2）机动车在没有禁止掉头或者没有禁止左转弯标志、标线的地点可以掉头，但不得妨碍正常行驶的其他车辆和行人的通行。

依据上述规定，在制作电子地图时可以将路口的实际形状依据扩路的情况和路口的节点数量进行简化。

二、掉头口制作的规范

在电子地图上对掉头口的制作必须在不违背基本规范的前提下进行，具体的制作要遵循如下几条原则。

1）道路至少有一个行驶方向允许掉头才可以制作掉头口；当道路两侧都有禁止掉头标志时不制作掉头口，如图 2-45 所示。

2）当路口左转及右转车道路无行车轨迹、无行车引导线时，地图上需要制作掉头口，如图 2-46 所示，虽然分隔带断口没有转弯标志，但因为地面无行车轨迹或引导线，同样需要制作掉头口。

图 2-45　掉头口标志和禁止掉头标志

图 2-46　无行车轨迹、无行车引导线

3）当路口没有任何掉头标志，且单方向道路宽度小于一车道时，地图上不制作掉头口，如图 2-47 所示。

4）当分隔带被虚线或虚实线断开，断开处无地面标志，且单方向道路宽度大于 1 车道时，对断口处需要进行宽度和地面标志的判断，以确定是否做掉头口，具体分析情况如下。

① 当分隔带被虚线或虚实线断开，断开处无地面标志，且宽度大于一辆车掉头所需宽度时，地图上制作掉头口。如图 2-48 所示，分隔带断开处宽度大于 1 车道，且为虚实线，允许车辆左转弯掉头，此处制作掉头口。

图 2-47　路口没有任何掉头标志

② 当分隔带被人行横道断开，且断口处宽度大于或等于人行横道加车辆掉头车道宽度时，根据掉头方向在地图上制作掉头口。如图 2-49 所示，分隔带断开处除人行横道外还有宽度可供车辆掉头，此处制作掉头口。

③ 当分隔带被人行横道断开，且断口处宽度只能满足人行横道时，地图上不制作掉头口。如图 2-50 所示，分隔带断口基本被人行横道覆盖，此处地图上不制作掉头口。

图 2-48　分隔带被虚线或虚实线断开

图 2-49　分隔带被人行横道断开

图 2-50　分隔带被人行横道断开且断口宽度只能满足人行横道

④ 当分隔带被实线断开时，不制作掉头口。如图 2-51 所示，道路中央为单黄实线，地图上不制作掉头口。

⑤ 当分隔带被网格线断开时，地图上需要制作掉头口，如图 2-52 所示，分隔带端口处为黄色网格线，此处需要制作掉头口。

三、掉头线路制作的方式

在行车道路上，车辆掉头的方式一般为沿着行车方向向左后方向转向，对应的在电子地图中，掉头路线是要求从行车方向转向相反方向绘制。根据路况的实际情况，掉头口制作的形状分为如下几种：

图 2-51　分隔带被实线断开

图 2-52　分隔带被网格线断开

1）当掉头口位于路口前方，即离路口还有一定距离。掉头口是由物理分隔带或斑马线分隔出来，且有掉头标志或宽度允许一辆车通过，需要在路口前方制作一个条弧形掉头线路。如图 2-53 所示，隔离带在路口前（远端框选处）有断口且有掉头标志，需要在路口和断口处分别制作直线掉头线和弧线掉头线，图中直线掉头表示路口可掉头，弧线掉头线表示路口前方可掉头。

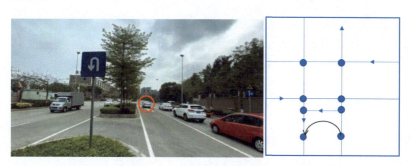

图 2-53　物理分隔带分割情况下掉头口实景及绘制

当掉头口与路口之间无分隔带，且有掉头标志或宽度允许一辆车通过，需要在路口前方制作一个条直线掉头线路。分隔带在路口前消失，如图 2-54 所示，且宽度足够一辆车通过，需要在路口前方制作掉头口。

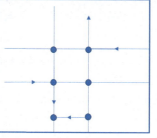

图 2-54　分隔带在路口前消失情况下掉头口实景及绘制

2）道路分隔带一直延伸到路口但有掉头标志，地图需要制作直线掉头口。如图2-55所示，道路分隔带延伸到路口且有掉头标志，需要在路口前方制作掉头口。

 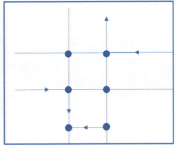

图2-55　分隔带延伸到路口情况下掉头口实景及绘制

3）当掉头口位于路中且掉头为单向掉头，应制作单向弧线掉头线路。如图2-56所示，分隔带中部有断口，虽无掉头标志但地标标线表示可以掉头，应制作单向弧线掉头口。

 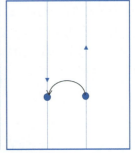

图2-56　道路中部单向掉头情况下掉头口实景及绘制

4）当掉头口位于路中且掉头为双向掉头，应制作无方向直线掉头线路。如图2-57所示，分隔带中部有断口，虽无掉头标志但地标标线表示可以掉头，应制作单向弧线掉头口。

四、掉头口标志方向设置

掉头口根据掉头方向分为单向掉头口和双向掉头口。我国道路掉头方向为向道路行驶方向左侧，所以在制作掉头口方向时，需要为单向掉头制作向左的标记，而双向掉头

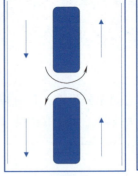 

图2-57　路中双向掉头口绘制

线路则不需要考虑掉头方向。QGIS软件中绘制电子地图掉头口具体操作步骤如下。

1. 添加掉头字段

确定掉头线路的方向首先要在属性表中建立对应字段，如图2-58所示，在掉头道路图层中添加对应"调头"字段、"调头方向"字段，字段值为"双向"或"左转"，表示掉头口为双向掉头或左转掉头。只有单向掉头需要标记方向。

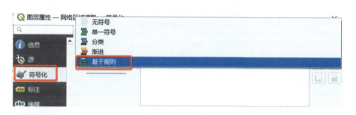

图 2-58 属性表中添加字段

2. 添加判别规则

为了方便在图层观察掉头方向，需要在所有单向掉头线段中部做标记。选择掉头路网（线）图层，右键单击打开属性，在"符号化"子栏目中从下拉列表框中选择"基于规则"渲染器，如图 2-59 所示。

图 2-59 选择"基于规则"渲染器

单击"+"按钮（图 2-60 左下角），为单向掉头道路设置过滤条件，并为其创建新样式。在"编辑规则"（Edit Rule）面板中，单击"ε"按钮，打开"表达式字符串构建器"对话框，如图 2-60 所示。

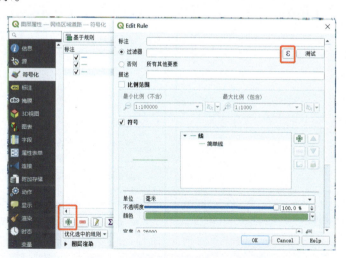

图 2-60 打开表达式字符串构建器

在"表达式字符串构建器"对话框中，展开中间面板内的"字段和值"节点，选中相关字段（图中为"调头"），单击右侧面板的"全部唯一"按钮，下方的文本框列出了该字段 2 种可能取值，可为构建表达式提供取值参考，也可以通过双击将取值添加到表达式中，如图 2-61 所示。

在"表达式"文本框中输入"调头"="左转"表达式，以选中图层中所有单向掉头，单击"OK"按钮，为所有的单向掉头完成筛选。

图 2-61　设置筛选条件

3. 标记单向掉头

掉头标记一般制作在线段的中部。在"表达式字符串构建器"对话框中单击"符号图层类型"下拉框，选择"标记线"，修改"标记位置"为"在中心点"，如图 2-62 所示；选择"OK"按钮，单行道路会在线路中出现圆形标注，如图 2-63 所示。

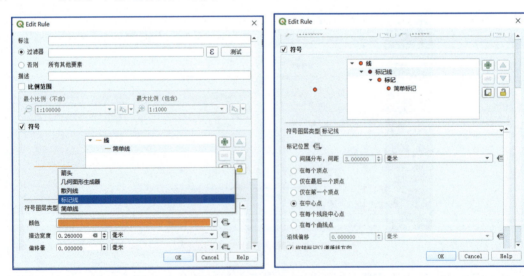

图 2-62　修改符号图层类型和标记位置

4. 标注线段方向

添加后的单行道路标注并不能明确地表示道路的行驶方向，需要进一步修改图标显示。单击符号中的"简单标记"，从下方的符号类型框中选择"filled_arrowhead"符号，这是一个三角形箭头的符号，可以用于表达单行道路的方向，如图 2-64 所示。

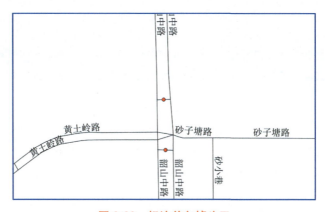

图 2-63　标注单向掉头口

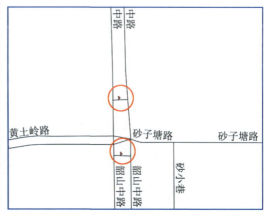

图 2-64　修改显示图标为三角形箭头

箭头符号的方向是从线段绘制的起点指向终点，此时，地图窗口中所有符号都朝着右方，而现实掉头为向左，所以需要对下方三角形箭头方向进行调整，回到"简单标记"栏下，将"旋转角度"设计为"180"，修改后的单向掉头如图 2-65 所示。

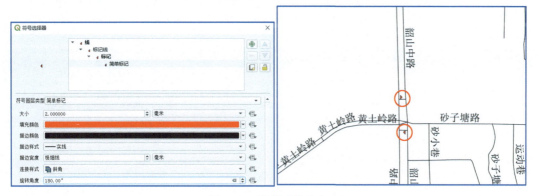

图 2-65　调整后的方向

知识拓展：大国的道路

2022年4月，据新华社电交通运输部26日消息，我国公路总里程已达528万km，形成了以高速公路为骨架、普通干线为脉络、农村公路为基础的全国公路网。根据《2020年交通运输行业发展统计公报》，我国高速公路通车里程16.10万km，农村公路的总里程达到了438.23万km，较上一年增加18.19万km，其中县、乡、村道分别增加8.11万km、4.04万km和6.04万km。

 实施与评价

请按照"任务工单7 绘制电子地图的掉头口"要求完成本任务。

项目 3

功能地块的规划与红线划定

 **项目描述**

　　本项目主要学习要素缓冲区的制作、缓冲区的叠加操作,以及学习应用 GIS 知识进行交通线路规划设计的方法。学习者通过本项目的学习,结合之前所学习的地图要素点、线、面的相关知识,以及相关交通规则在电子地图中的应用形式,应能使用 QGIS 软件解决在城市、河流、物流等交通相关领域规划中出现的问题。

任务 8　绘制公交站覆盖区域

 **任务描述**

　　本任务要求学习并掌握对地形、地物属性的描述和修改,绘制功能用地区域。

 **学习目标**

知识目标
1. 了解公交站辐射范围的概念。
2. 掌握缓冲区创建的方法。
3. 掌握缓冲区修改、调整的方法。

技能目标

　　能够依据给出的公交覆盖率统计要求,标记出指定区域的公交站点覆盖范围,并通过裁剪和合并缓冲区,最后确定公交站点的最终覆盖范围。

> **素养目标**
> 培养严谨、守规、求真、务实的态度和作风，培养社会责任感。

知识准备

> **引导提问**：城市的公交站点数量和公交搭乘的便利性有直接关系吗？

一、相关概念

1. 公交覆盖率

"公交覆盖率"是"公交服务区面积覆盖率"的简称。一般来讲，公交覆盖率是指某城市区域内，全部公交站点一定半径范围所覆盖区域占城市区域总面积的百分比。一个城市的人口规模越大，行政等级越高，国民经济发展水平越高，其拥有的公交站点总数量就越大，但这并不意味着公交覆盖率越高。影响公交覆盖率的因素有三个：一是城市区域总面积的核算方法；二是区域内公交站点的总数量及其分布；三是公交站点服务区的半径大小。

在计算公交覆盖率之前先要确定公交站点的覆盖半径。公交站点的覆盖半径一般指公众愿意从出发点步行至公交站点的最大距离。根据国内外大量调查统计结果显示，在步行时间5~6min，直线距离约300m（路径距离约400m）以内，步行是人们首选的出行方式；步行时间8~10min，直线距离约500m（路径距离700~800m），多数人仍乐意选择步行；而超过10min步行时距，步行者比例会大幅下降；步行时间超过15min，大多数人会倾向于选择其他交通方式；步行时间超过30min，基本少有人步行。

所以，目前的研究大多数是按照500m半径的公交站点覆盖作为研究指标。以国内319个城市共计867263个公交站点为基础信息数据进行分析，目前城市公交覆盖率最高的城市为玉溪，其次是佛山、曲靖、常州、石家庄、三亚、郑州、深圳、廊坊、宁波、金华、温州、无锡、成都、福州、沧州、杭州、绍兴、舟山（数据来自"北京实验室"）。覆盖率越高，意味着步行轻松到达公交站点的潜在人口分布越广，公交便利性的空间分布就越均衡，也可是说公共交通服务就做得越好。

本任务以湖南省长沙市芙蓉区二环线与浏阳河之间城市区域为分析对象，以500m半径服务范围作为公交站点的辐射指标依据，以该区分布的公交站点为基础数据进行分析。

2. 缓冲区

缓冲区是对一组或一类地理要素（点、线、面），按设定的距离条件围绕而形成具有一定范围的多边形实体，缓冲区最大的特点就是能实现数据在二维空间扩展的信息分析。

缓冲区建立的形状多种多样，主要依据缓冲区建立的条件来确定。常用的点缓冲区有圆形、三角形、矩形和环形等；线缓冲区有双侧对称、双侧不对称或单侧缓冲区等形状；面缓冲区有内侧和外侧；不同形状的缓冲区可满足不同的应用要求。

缓冲区要求围绕着图像要素来制作，所以绘制或选定要素是制作缓冲区的第一步。QGIS软件中支持的要素包括点、线、面三类，如图3-1所示。所以，对应的缓冲区也包括点缓冲、线缓冲、面缓冲三种类型，如图3-2所示。QGIS中建立缓冲区的方法是基于生成多边形来实现的，根据给定的缓冲区距离，对点状、线状和面状要素的周围形成缓冲区多边形图层。

图 3-1　要素的类型

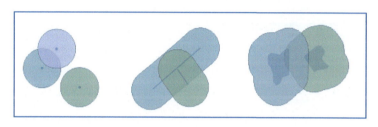

图 3-2　不同要素对应的缓冲区

二、绘制缓冲区

绘制缓冲区首先需要选择对应的图层要素，要素为点、线、面均可，现以点要素为例。鼠标单击工具图标"框选或单击选择要素"，框选图层上的点要素，如图 3-3 所示。打开处理工具箱，选择"矢量几何图形"-"轮廓/缓冲区"，如图 3-4 所示，打开缓冲区面板（轮廓/缓冲区指同一工具，不同版本 QGIS 的翻译有略微区别）。

图 3-3　选择要素

新建缓冲区实质上为一个新的图层，需要在"轮廓/缓冲区"面板中进行相关属性设置，如图 3-5 所示。

① "输入图层"中选择对应的要素。
② "距离"中选择长度单位和缓冲区边缘与要素的距离。

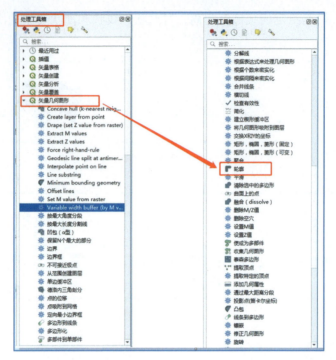

图 3-4 选择轮廓

③ "线段"确定缓冲区的边缘平滑度。
④ "结束端点样式"和"连接样式"确定对应要素端点和相交节点的连接形式。
⑤ "缓冲区建立后"指定缓冲区的保存位置和新建立的图层名称。
⑥ 选择"运行",生成缓冲区,如图 3-6 所示。

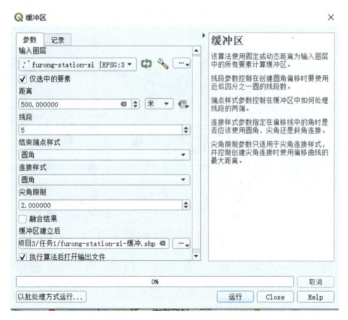

图 3-5 轮廓/缓冲区面板

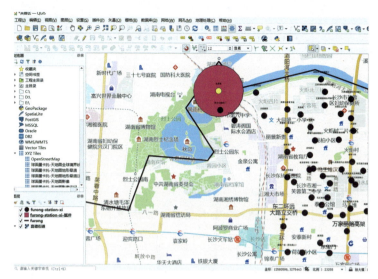

图 3-6　生成的缓冲区

三、对缓冲区的修剪

缓冲区制作完成后，其对应的图形并不规则，经常出现多图形叠加、部分图形超过边界区域的情况，所以在创建缓冲区后一般要对缓冲区进行裁剪。

1. 对缓冲区的裁剪

缓冲区的生成只依据生成条件而定，生成的要素很可能会超过图形区域的范围，如图 3-7 所示，缓冲区已经超过了红线范围，必须对多余的部分进行裁剪。选择指定的图层，选择"切换编辑模式"图标　，进入编辑模式；将鼠标移至菜单栏右侧，右键单击选择"工具栏"面板下的"高级数字化工具栏"，将其左侧方框打钩，如图 3-8 所示。

图 3-7　缓冲区超过红线范围

选择"分割要素"图标　，当鼠标变为标靶形状后，沿着区域边界线，分别单击边界线的上、下两端（在缓冲区以外），对缓冲区进行分割，将缓冲区超出范围部分切割为独立的要素；删除超出红线范围要素，完成操作，如图 3-9 所示。

图 3-8 打开高级数字化工具栏

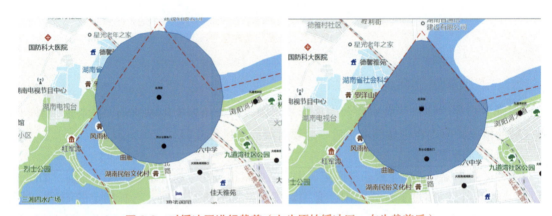

图 3-9 对缓冲区进行裁剪（左为原始缓冲区，右为裁剪后）

2. 对重叠缓冲区的合并

当要素间距离较小时不可避免地会出现生成的缓冲区出现重叠，为了最后能得到一个合理的缓冲范围，必须要对缓冲区重叠部分进行逻辑操作，将重合的部分进行合并。选择缓冲区所在的图层，单击"框选或单击选择要素"图标 ，框选需要合并的要素；选择"合并要素"图标 ，在弹出的"合并要素属性"对话框中选择"OK"，完成缓冲区的合并，如图 3-10 所示。完成合并后的缓冲区将融为一个要素，并且在属性表中的多条记录也将合并为一条。

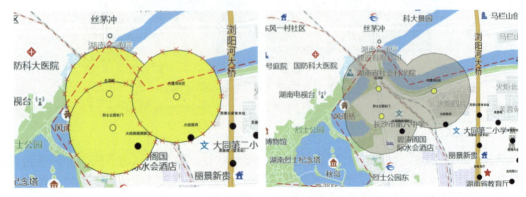

图 3-10 合并缓冲区

四、外部数据（CSV）的导入

很多情况下一些非 QGIS 的用户希望得到 QGIS 图层中的属性信息，而且这些信息在导入导出 QGIS 的过程中往往要对源数据空间信息或坐标信息进行筛选，这就需要一种数据格式，能在使用或交换 QGIS 数据时取代 SHP 文件进行传输，逗号分隔值（CSV）文件就是这样一种用来存储数据的纯文本文件。通常在 QGIS 中常用 CSV 文件收集坐标信息与相关的属性值，并且携带某种地理坐标系下的 X、Y 坐标值，为了方便起见，可以用 Excel 或记事本对文件进行编辑。

1. QGIS 导出 CSV 文件

QGIS 支持导出带坐标系的 CSV 文件。在导入、导出 CSV 文件时，为了能表示要素的位置，需要将要素的坐标信息同步导出。但一般情况下要素中不会设有坐标字段，所以需要在导出数据时同步导出坐标值。

在图层栏中选择指定图层，右键单击选择"导出"-"要素另存为"（图 3-11），打开导出文件对话栏，进行导出项目设置，如图 3-12 所示。

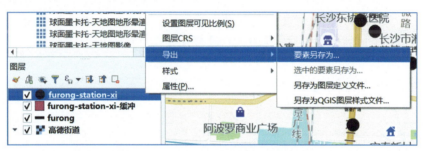

图 3-11　导出文件

图 3-12　导出图层

① "格式"设置数据类型为 CSV。

② "文件名"设置 CSV 文件保存的名称和位置。

③ "CRS"设置导出数据的坐标系，为方便流通一般采用地理坐标系。

④ 导出要素的坐标位置需要在"图层选项"中进行设置。

⑤【GEOMETRY】选择 AS_XY，导出记录坐标系中的 X、Y 方向坐标值。

导出的 CSV 文件默认的打开方式为 Excel。但因为文件编码为 UTF-8，使用 Excel 打开文件后显示内容为乱码，如图 3-13 所示。为了能正常地阅读与修改文件，需要对文件编码进行转码。

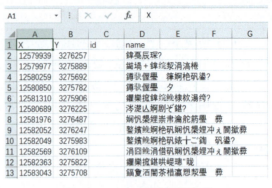

图 3-13　CSV 文件显示乱码

右键单击 CSV 文件，选择通过记事本方式打开，这时打开的文件为正常显示，单击菜单"文件"—"另存为"，保留文件名及格式不变，下方的编码选择"ASNI"，单击保存，如图 3-14 所示。完成转码设置后，采用 Excel 打开方式打开的 CSV 文件可以正常阅读，如图 3-15 所示。

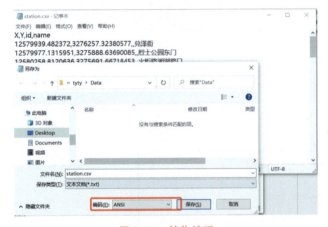

图 3-14　转化编码

图 3-15　转码后的 CSV 文件

2. CSV 文件导入 QGIS

当其他非 QGIS 数据源导出的 CSV 数据要导入 QGIS 时，需要先检查文件中是否有 X、Y 坐标，以及确保 CSV 文件编码为 UTF-8 格式，若需要可以按前述方法修改编码为 UTF-8 格式。

在菜单栏中选择"图层"-"添加图层"-"添加分隔文本图层"（图 3-16），打开导出文件对话栏，如图 3-17 所示，进行导入项目设置。

① "文件名"选择要导入的 CSV 数据。

② "图层名"输入要定义的图层名称。

③ 文件格式单选框选择 CSV 格式。

④ "几何图形定义"选择对应的 X、Y 值的字段名。
⑤ "图层设置"中可以看到数据的样例。

图 3-16 导入 CSV 文件

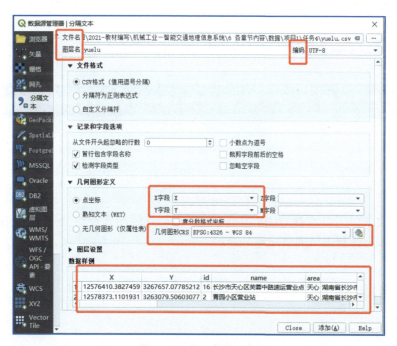

图 3-17 导入数据面板

导入完成后，QGIS 图层面板上将新添加一个图层数据，但查看其属性可以得知，其数据来源还是 CSV 文件（图 3-18）。为了方便后续对数据进行修改，需要对新生成的图层再次导出，生成 SHP 格式数据，并将 SHP 文件作为作业的主要文件。

图 3-18 新导入的图层

知识拓展：我国到底有多少辆在运营公交车？

截至 2020 年底，我国各地区城市共有约 59 万辆公共汽电车在运营，其中城市新能源公交车 46.61 万辆，位居世界第一。

23 个地区公共汽电车运营车辆数超过万辆，其中广东省最高，有 65964 辆公共汽电车在运营，比公共汽电车运营车辆数排第二名的山东省多出了 11068 辆。

 实施与评价

请按照"任务工单 8　绘制公交站覆盖区域"要求完成本任务。

任务 9　绘制内河通航水域红线

 任务描述

本任务要求学习并掌握 QGIS 中点、线、面要素的制作及相关交通规则在电子地图中的应用，学会绘制内河通航水域红线。

学习目标

知识目标
1. 了解内河通航水域红线概念。
2. 掌握缓冲区分析的设置方法。
3. 熟练应用多种叠加分析进行缓冲区分割。

技能目标

能够依据给出的内河通航条件，标记出通航水域中适航区域的位置，并通过叠加分析，完成对通航区域红线的划定，保存对应通航区域文件。

素养目标

培养严谨、守规、求真、务实的态度和作风，培养社会责任感。

 知识准备

引导提问：绘制河岸禁航区时，用什么类型的缓冲区比较合适？

一、相关概念

1. 内河通航水域红线

内河通航水域是指由海事管理机构认定的可供船舶航行的江、河、湖泊、水库、运河等水域。

内河通航水域不根据水域的地形设定，只有水域符合"航道等级"和"通航安全保障"两个条件才能进行划定：一般来说，准七级以上航道标准并具备通航安全保障条件的水域才能划定为内河通航水域。内河准七级航道，是指通航船舶 50t 级以下（不含 50t 级），航道水深不小于 1.5m、底宽不小于 12m、跨航道建筑物净空高度不小于 3m、下底净宽不小于 12m、上底净宽不小于 9m 的内河航道。

内河通航水域一般都设有分段的航道起点和航道终点。因为必须要满足水深、底宽以及跨航道建筑物等方面的要求，所以需要为通航所在水域绘制航行红线区域，红线以外区域为危险区域，不在通航区域之内。

2. 缓冲区分析

缓冲区分析是对空间实体的影响范围或服务范围进行分析，缓冲区分析的基本思想是给定一个空间实体或集合，确定它们对其周围地物的影响度而在其周围建立具有一定宽度的带状区域，可应用到道路、河流、环境污染源、居民点、辐射源等的空间分析。

缓冲区的类型包括点缓冲、线缓冲、面缓冲，无论哪种类型都要形成一个缓冲条件，比如指定缓冲距离、以要素确定距离等。在本任务中，缓冲区限定的条件为航道的深度、内河底部的宽度，如图 3-19 所示。

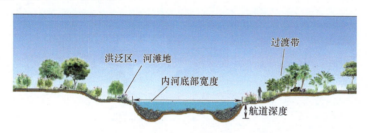

图 3-19　河道深度和宽度

3. 缓冲区的叠加

缓冲区叠加分析的目标是分析在空间位置上有一定关联的空间对象的空间特征和专属属性之间的相互关系。不同类型的缓冲区在叠加前是同一面要素下的不同的记录个体，各自具有独立的属性项，如图 3-20 所示。通过叠加分析后，缓冲区要素通过叠加部分已经将多条记录融合成一条记录了，重新构成了属性表，如图 3-21 所示。

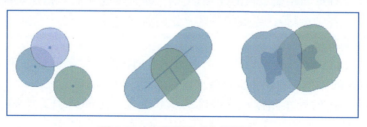

图 3-20　不同要素对应的缓冲区

图 3-21　不同类型要素叠加（融合）后的缓冲区

二、绘制缓冲区

1. 创建线缓冲区

绘制线缓冲区首先需要选择对应的要素图层。鼠标单击工具图标"框选或单击选择要素"，框选图层上的点要素，注意当有多条线段需要框选时可以按 Ctrl 键多选，如图 3-22 所示。完成线段的选择后进行缓冲区的制作。打开处理工具箱，选择"矢量几何图形"-"轮廓"，如图 3-23 所示，打开缓冲区面板。

图 3-22　选缓冲区要素

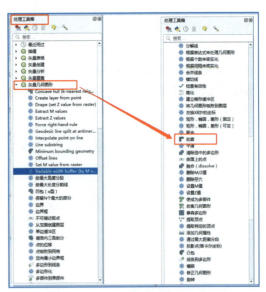

图 3-23　选择轮廓

在"轮廓"面板中进行相关属性设置："输入图层"中选择对应的要素，"距离"中选择长度单位和大小，"线段"确定缓冲区的边缘平滑度，"结束端点样式"和"连接样式"确定对应要素端点和相交节点的连接形式，"缓冲区建立后"指定缓冲区的保存位置，如图 3-24 所示。选择"运行"，生成缓冲区，如图 3-25 所示。

2. 创建多环缓冲区

多环缓冲区是指围绕在要素周围，按不同距离创建的多个缓冲区。通过调整缓冲距离值可改变缓冲范围的大小，创建非重叠缓冲区，如图 3-26 所示。

创建多环缓冲区的操作和创建缓冲区的步骤类似，选择处理工具箱中"矢量几何图形"-"多环缓冲区"，如图 3-27 所示。不同于缓冲区制作，多环缓冲区要求设定环的数量、环之间的距离，如图3-28所示。生成的缓冲区会按设定的环间距离分布，因为无法设定方向，所以会在要素的两侧同步分布图，如图3-29所示。但是需要注意的是，在多环中，缓冲区之间的距离永远是相同的，即无法调整不同环之间的宽度。

图3-24　轮廓/缓冲区面板

图3-25　生成的缓冲区

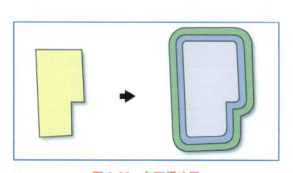

图3-26　多环缓冲区

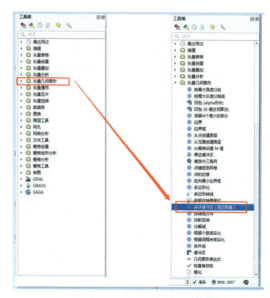

图3-27　选择轮廓

3. 绘制单边缓冲区

单边缓冲区的绘制方式和其他两种缓冲区的操作类似，不同之处在于需要为缓冲区指定方向，如图3-30所示，完成的缓冲区为单方向的，只存在于要素的一侧，效果如图3-31所示。

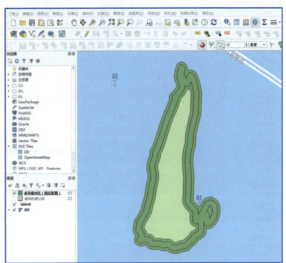

图 3-28　轮廓 / 多环缓冲区面板　　　　　　图 3-29　生成的多环缓冲区

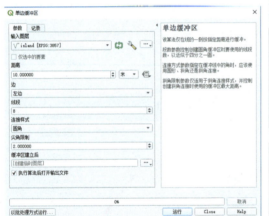
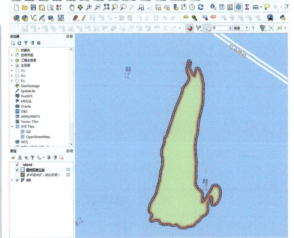

图 3-30　轮廓 / 单边缓冲区面板　　　　　　图 3-31　生成的单边缓冲区

三、缓冲区叠加分析

1. 叠加分析的定义

叠加分析是 QGIS 中的一项非常重要的空间分析功能，它是在统一空间参考系下，通过对两个数据的一系列集合运算，产生新数据的过程。叠加操作不仅是将要素的形状合并到一起，还要将参与叠加要素的所有属性也融合，其具体种类较多，使用相对较灵活。叠加分析的常用操作包括裁剪、相交、交集取反、联合这四类，具体见表 3-1。叠加操作的作用是为不同的要素进行共有要素的筛选，以及确定是对哪些要素信息进行保留，不同的操作类型代表着不同的逻辑功能，叠加操作的操作结果见表 3-2。

表 3-1 叠加分析的常用操作

常用操作	输入数据类型	叠加数据类型	输出
裁剪	任意	面或与输入相同	输入要素，通过叠加要素分割
相交	任意	与输入相同	仅包含所有输入图层共有的要素
交集取反	任意	与输入相同	输入图层共有的要素或叠加图层共有的要素
联合	面	与输入相同	所有输入要素

表 3-2 叠加操作的操作结果

输入要素	叠加要素	操作	结果
	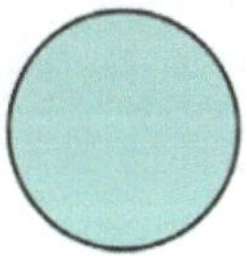	裁剪	
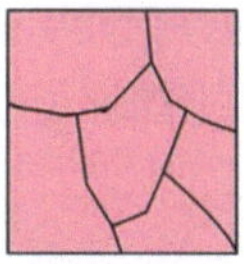	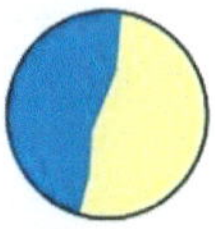	相交	
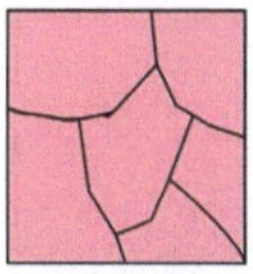		联合	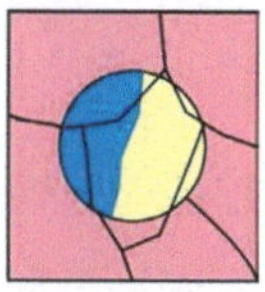
	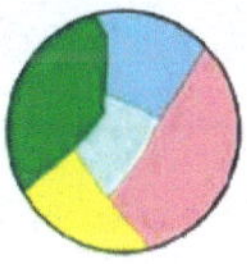	差值	

2. 叠加分析的操作

叠加分析的操作首先需要确认有对应的要素图层。打开处理工具箱，选择"矢量叠加"，如图 3-32 所示，打开缓冲区面板，以联合操作为例，打开"联合"选项，对"联合"对话框进行操作，如图 3-33 所示。

与其他的操作类似，在"联合"面板中，在"输入图层"中选择需要操作的要素 1，"叠加图层"中选择需要操作的要素 2，"联合"中指定运算保存的新要素位置。设置完成后，选择"运行"，完成操作。

图 3-32　叠加菜单

图 3-33　联合操作

知识拓展：泛舟之役

泛舟之役是中国历史上第一次有明确记载的内河运输重大事件，发生于公元前 647 年，当时晋国饥荒，故向秦国求助，《左传》记载，运粮船队的白帆从秦国的都城雍城装载粮食上船，经过渭河东下进入黄河，再从黄河北上，进入汾河，最终到达晋国的都城绛，400km 路途首尾相连，络绎不绝。

实施与评价

请按照"任务工单 9　绘制内河通航水域红线"要求完成本任务。

任务 10　确认公交站点的位置

任务描述

本任务要求学习并掌握 QGIS 公交站点位置的设置，检验公交站点位置设置的合理性。

知识目标
1. 了解公交站点的设置规则。

2. 掌握公交站点的位置检测方式。
3. 熟练应用多种叠加分析进行缓冲区分析。

技能目标

能够依据给出的公交站点设置条件，对现有的部分人流高峰点公交站点的位置设置进行合理性分析，并通过叠加分析，完成公交站点区域的划定，保存对应的区域文件。

素养目标

培养严谨、守规、求真、务实的态度和作风，培养社会责任感。

> 引导提问：你步行到公交站最远愿意走多少米？

一、公交站点设置规则

公交站点位置的设置有其对应的规范，具体如下。

1. 首末站的设置要求

首末站宜设置在各主要客流集散点附近较开阔的地方。这些集散点一般都在几种公交线路的交叉点上，如火车站、码头、大型商场、分区中心、公园、体育馆、剧院等场所。在这种情况下，不宜一条线路单独设置首末站，不应在平交路口附近设置首末站，而宜设置几条线路共用的交通枢纽站。

2. 中途站的设置要求

合理的站间距能减少不必要的行程时间，同时能兼顾站点覆盖率，使乘客出行快速便捷，所以站间距的确定一般要考虑公交线路所处的道路等级、公交线路功能定位等因素。在城市快速道路或者交通性主干道上的公交线路一般以快速、大容量公交为主，一般会采用较大的站间距，可取 800~2000m；城市主干路上的公交线路主要承担干线交通的功能，其站间距需要结合交叉口来确定，可取 500~800m；城市次干路和支路沿途通常分布较密集的交通产生和吸引点，线路以集散为主，因此站间距不宜太大，可取 350~500m。

3. 站点的位置

停靠站应设置于主要出行产生的吸引点，如住宅区、商业文化中心、办公区、体育场馆、轨道站点及交通枢纽等，一般在主要出入口 50m 范围内应设公交站点。

1）公交停靠站的分布需要结合站点服务半径及客流需求来设置。一般城市公共交通车站总服务面积以 300m 半径计算，不得小于城市用地面积的 50%；以 500m 半径计算不得小于 90%。

2）停靠站应与沿线的其他交通方式合理衔接，同向换乘距离不应大于 50m，异向换乘距离不应大于 100m。在道路平面交叉口和立体交叉口上设置的车站，换乘距离不宜大于 150m，并不得大于 200m。

4. 中途站点与交叉口的位置关系

公交停靠站应设置在交叉口的出口道。改建交叉口在布设公交停靠站确有困难时，可将直行或右转公交线路的停靠站设在进口道。

当公交停靠站设置在进口道，且进口道右侧有展宽增加的车道时，停靠站应设在该车道展宽段之后不少于20m处，并将公交站台与展宽车道一体化设计；当进口道右侧无展宽增加的车道时，停靠站应在右侧车道最大排队长度再加20m处布设。

交叉口中途站点最好设置距交叉口下游50m以外的地方，对于车流量较大的主干道路，可以考虑设置在100m以外。

二、缓冲区叠加分析

1. 裁剪分析

裁剪分析是一种提取空间数据的方法，其目的是将两图层中空间重复的范围进行切割，所得的图元为两者重复切割部分集合。如图3-34所示，当两个图形重合后，进行裁剪分析，所得结果为圆形范围内的切割结果。

在QGIS中，裁剪分析工具图标位于工具箱栏目中。选择"工具箱"图标 打开工具箱面板，选择"矢量叠加"—"裁剪"，打开

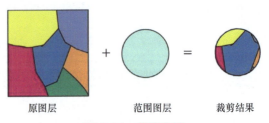

图3-34 裁剪分析

裁剪面板，如图3-35所示。在裁剪面板中"输入图层"输入原图层项，"叠加图层"输入范围图层项，在"裁剪后"中指定保存位置和保存文件名称（原图层、范围图层见图3-34）。

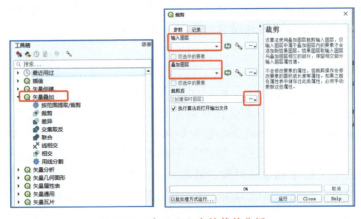

图3-35 在QGIS中的裁剪分析

2. 差异分析

差异分析提取位于原图层重置范围之外的要素，将沿着这些要素的边界进行分割，仅保留叠加图层要素之外的原部分。如图3-36所示，当两个图形部分重叠后进行差异分析，所得结果为原图层去掉重合后所剩余部分。

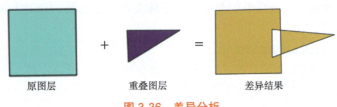

图3-36 差异分析

在 QGIS 中，裁剪分析工具图标位于工具箱栏目中。选择"工具箱"图标 打开工具箱面板，选择"矢量叠加"—"差异"，打开差异面板，如图 3-37 所示。在差异面板中"输入图层"输入原图层项，"叠加图层"输入重叠图层项，在"差异"中指定保存位置和保存文件名称（原图层、重叠图层见图 3-36）。

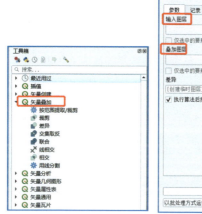

图 3-37　在 QGIS 中的差异分析

3. 交集取反分析

交集取反分析提取原图层和范围图层不重叠的要素部分，两图层之间的重叠区域被删除。如图 3-38 所示，当两个图形重合后，进行交集取反分析，所得结果为圆形范围外的切割结果。

在 QGIS 中，交集取反分析工具图标位于工具箱栏目中。选择"工具箱"图标

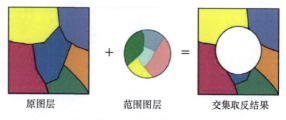

图 3-38　交集取反

打开工具箱面板，选择"矢量叠加"—"交集取反"，打开交集取反面板，如图 3-39 所示。在交集取反面板中"输入图层"输入原图层项，"叠加图层"输入范围图层项，在"交集取反"中指定保存位置和保存文件名称（原图层、范围图层见图 3-38）。

4. 联合分析

联合分析对两图层中在空间重复的范围进行切割，并融合两图层联集的结果。切割后的重复区域依然带有各自的属性，如图 3-40 所示，当两个图层重叠后，进行联合分析，所得结果为原图层去掉自生联合图层部分区域，并将联合图层内容融入自生范围内。

在 QGIS 中，联合分析工具图标位于工具箱栏目中。选择【工具箱】图标 打开工具箱面板，选择"矢量叠加"—"联合"，打开联合面板，如图 3-41 所示。在联合面板中"输入图层"输入原图层项，"叠加图层"输入联合图层项，在"联合"中指定保存位置和保存文件名称（原图层、联合图层见图 3-40）。

5. 相交分析

相交分析是两个不同的图层在空间上共同重复的部分裁剪出来，并在属性数据中保留

两图层各自的属性于结果图层中。如图 3-42 所示，当两个图层重叠后，进行相交分析，所得结果为两个图层的共同部分，并将各图层字段融入自生范围内。

图 3-39　在 QGIS 中的交集取反分析

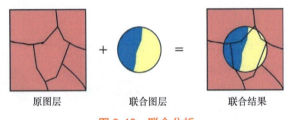

图 3-40　联合分析

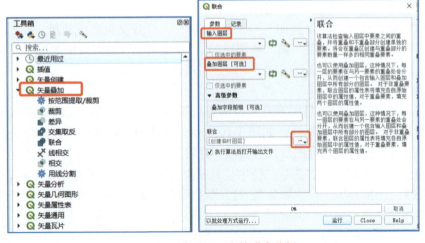

图 3-41　在 QGIS 中的联合分析

在 QGIS 中，相交分析工具图标位于工具箱栏目中。选择"工具箱"图标打开工具箱面板，选择"矢量叠加"—"相交"打开相交面板，如图 3-43 所示。在相交面板中"输入图层"输入原图层项，"叠加图层"输入叠加图层项，在"相交"中指定保存位置和保存文件名称（原图层、叠加图层见图 3-42），不同于其他的叠加分析，相交分析可以保留原图层、叠加图层的相关字段，可以人为设置保留。

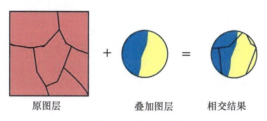

图 3-42　相交分析

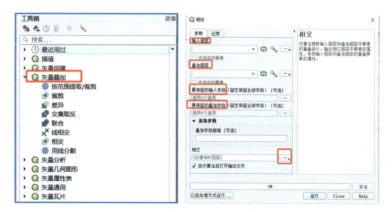

图 3-43　在 QGIS 中的相交分析

知识拓展：公交站多和坐公交车方便有什么关系？

北京城市实验室（Beijing City Lab）2020 年调查统计，北京是全国公交站点最多的城市。

但是按 500m 半径的公交站点覆盖作为研究指标，全国统计的 319 个城市中公交覆盖率最高的城市为玉溪，其次是佛山、曲靖、常州、石家庄、三亚、郑州、深圳、廊坊、宁波、金华、温州、无锡、成都、福州、沧州、杭州、绍兴、舟山，而北京排在第 22 位。覆盖率越高，意味着步行轻松到达公交站点的潜在人口分布越广，公交便利性的空间分布就越均衡，也可是说公共交通服务就做得比较好。公交站点多，并不意味着坐车方便。

实施与评价

请按照"任务工单 10　确认公交站点的位置"要求完成本任务。

任务 11　绘制公交线路

任务描述

本任务要求学习并掌握实际路网数据、公交站点选址、公交线路选择的方法，绘制城市知名公交站点及线路。

学习目标

知识目标
1. 了解网络分析的概念。
2. 学会按距离和时间等不同要素进行空间分析。
3. 掌握制订公交线路的方法。

技能目标
能够依据给出的知名景点名称和长沙市主干、次干道路路网，确认知名景点公交站位置，并通过网络分析最后确定长沙知名公交线路。

素养目标
培养严谨、守规、求真、务实的态度和作风，培养社会责任感。

知识准备

> **引导提问**：两个站点之间的公交线路设计优先选择主干道吗？

一、公交线路规划

公交线路规划是指对未来城市公共交通线路的研究和布设。公交线路的规划需要根据城市人口和城市用地的布局、城市居民出行中的公交方式出行规模等设计，体现城市交通发展战略，满足未来交通对公共交通的需求。

二、公交线路规划的原则

公交线路规划设计原则包括两个方面：

一是规划设计要努力吸引乘客，确保公交运行效率，降低运营成本，从而减少公交系统耗费，提升公交公司效益。

二是优化城市人群出行，在规划设计过程中实现人群出行、交通布局和城市主体运行的统一，进而实现社会效益。

所以在进行公交线路规划设计时，需要遵循以下原则：

1）线路规划设计要尽可能与城市居民流动走向相统一。

2）线路规划设计要主要考虑沿线居民日常出行需求，如上班、上学等，同时兼顾其他需求。

3）进行新开线路规划设计时尽量避免调整原有公交线路，避免发生串联影响。

4）线路设计应尽量让公交线路网络上的点、线分布均匀，防止空白区出现。

5）注重与其他公交线路的衔接。

6）在满足最低客流标准的待选公交线路中，应当尽量选出客流量最大的线路，优先布线，保证尽可能高的车辆满载率。

7）在设立公交线路时，应该尽量使线路长度在一定的范围内，建议线路长度以运行30~60min，5~15km 为宜。

本任务要求为长沙市设计知名景点公交线路，公交线路覆盖长沙市区的各大主要知名景点，线路规划及站点设置与普通公交规划有部分区别。近年来长沙凭借夜经济、美食等营销方式及特点成功"出圈"，目前已跻身于知名城市的前列。长沙在历史文化的基础上添加了吃喝玩乐的特点，贴近了当代年轻人喜好，增添了享受城市文化底蕴及特色风情的趣味。为长沙制订一条知名景点公交线路，对于提升长沙的旅游服务品质有着巨大的推动作用。

三、网络分析

在了解网络分析之前，需要了解网络的概念。现实世界中，若干线状要素相互连接成网状结构，资源沿着这个线性网流动，由此构成了一个网络。而在 GIS 世界中，网络是由链和结点组成的、带有环路，并伴随着一系列支配网络中流动的约束条件的线网图形，它的基础数据是点与线组成的网络数据。

网络分析是通过研究网络的状态，模拟和分析资源在网络上的流动和分配情况，并对网络结构及其资源等进行优化。在 GIS 中，网络分析就是依据网络拓扑关系（结点与弧段拓扑、弧段的连通性），通过考察网络元素的空间与属性数据，以数学理论模型为基础，对网络的性能特征进行多方面的分析计算技术。在 GIS 中，矢量的网络分析基本为几何网络分析。

1. 几何网络

在 GIS 中，一个网络可以由多个要素类组成，因为要素具有几何形状并且可以显示，所以这种网络被称为几何网络（Geometric Network）。在一个几何网络中只能包含线要素和点要素，两者需要建立起拓扑关系，并根据网络实际的需要加入不同的网络属性特征值，包括线路的不同连通性、中心点的资源容量、资源需求量等。

2. 几何网络应用和分析

几何网络上最常见的应用就是在一个网络上给定了两点的位置，计算两点间的距离并考虑与之相关的路径问题。根据不同线段的连通性以及线路追求的目的性不同，几何网络上的路径选择可以分为如下几种类型：

1）静态最佳路径：给定的路径由多段线段组成，每条线段被赋予确定的属性值，一般计算属性值的最佳路径组合。

2）动态分段：在地图上动态显示线性参考要素的过程，在不改变要素原有空间数据结构的条件下，建立线性要素上任意路段与多重属性信息之间关联关系。

3）N条最佳路径：因为在实践中往往最佳路径并不能满足要求，所以需要选择多条路径，在确定起点、终点后，按不同的要求求出代价较小的几条路径，并构成路径集合。

4）最短路径：网络上距离最短的路径选择，一般计算两点之间的最短路径距离。

5）动态最佳路径分析：路径在生成后可能会遇到各种问题，比如在最佳路径上随机出现的障碍点，会使原有的路径产生相应变动，应重新进行最佳路径选择。

四、设置点到点的路径配置

1. 链路属性

QGIS中支持多类型网络分析，其中对于点到点的路径分析可以按最短路径、最快路径两种方式生成，无论采用哪种方式，都必须依据路径选择的需求（最快路径或最短路径）、道路的行车方向规划线路。所以为了能实现对路径的选择，必须要先为不同链路确定字段类型、设置相关的属性值——对路径的速度和方向进行赋值，确定网络分析配置的前提条件。一般情况下路径的速度字段类型多设置为整形，并根据路径所在的不同道路等级进行设置；链路的方向值一般考虑四种类型：

1）双向（双向通行）。
2）正向（行车方向与线要素绘制方向相同，为线要素的起点到终点方向）。
3）反向（行车方向与线要素绘制方向相反，为线要素的终点到起点方向）。
4）无法确定（不确定方向）。

2. 属性的赋值

确定了字段的类型后，就可以开始对属性赋值。属性的赋值其本质就是对属性表字段的赋值，指定路网（线）图层，右键单击打开属性表，开启编辑模式后添加速度、道路方向相关字段。为了快速添加字段内容，可以考虑采用字段计算器来统一填写，如图3-44所示，红框所示为字段计算器。

选择"字段计算器"图标，在"字段计算器"面板上新建字段：

① 在"新建字段"单选框前打钩。
② "输出字段名称"填写新字段名称。
③ "输出字段类型"填写新字段类型。
④ "输出字段长度"填写新字段长度。
⑤ "表达式"填写新字段与现有字段的逻辑关系。

图3-44 采用字段计算器填写属性表

中部的变量栏提供当前工程中所有的变量，展开中间面板内的"字段和值"下拉菜单，可以查看当前属性表中的所有字段，选择右侧"全部唯一"查看某个字段的取值范围。

如图 3-45 所示，属性表中现有"NAME""NETCLASS""layer""type1"4 个字段，其中 type1 字段可以赋值为"主干""次干"。

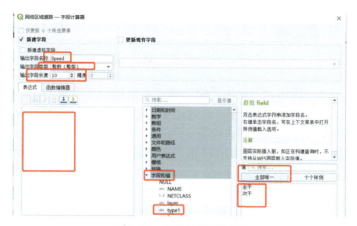

图 3-45　字段计算器面板

为了快速对新建字段赋值，字段计算器可以实现对某字段的快速填充。如图 3-46 所示，"表达式"文本框中采用 case 语句对道路的类型进行分析，对新增字段（speeder）分别按 type1 字段值为"主干"或者"次干"，自动填充为 25、17，完成新增字段内容填充。

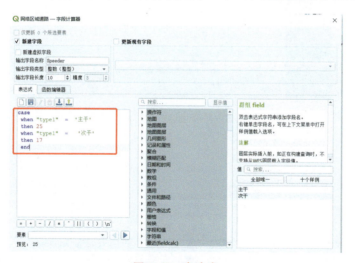

图 3-46　表达式

3. 方向标记

线路的规划必须依照实际道路的行车方向制订，所以道路的方向在网络空间分析中同样重要。一般情况下道路的行车方向多为双向，在 QGIS 中不需要为道路单独标注行车方向；但是当道路为单行道时，为了方便线路规划和观察，一般会在相应要素创建时添加相关的属性，并依据属性值标记单行道路的方向。

（1）对单行道的筛选　对单行道进行行车方向的标记首先要进行线路的筛选。在"图层"面板上指定路网（线）图层，右键单击打开属性，在"符号化"子栏目中从下拉列表框中选择"基于规则"渲染器，如图 3-47 所示。

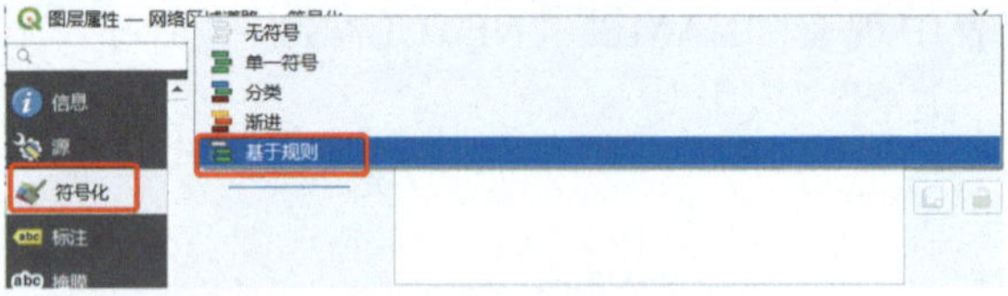

图 3-47 选择"基于规则"渲染器

单击左下角的"+"按钮，为单向道路设置过滤条件，并为其创建新样式。在"编辑规则"面板中，单击"ε"按钮，打开"表达式字符串构建器"对话框，如图 3-48 所示。在"表达式字符串构建器"对话框中展开面板中间的"字段和值"节点，选中表示行程方向的相关字段（图中为"DIRECTIONA"），单击右侧面板的"全部唯一"按钮，在下方的文本框选择该字段值的所有类型对应值，如图 3-49 所示。

图 3-48 打开表达式字符串构建器

图 3-49 查看方向值

根据对应字段值可以判断道路的行车方向类型。在"表达式"文本框中输入"DIRECTIONA"="正向"表达式，完成对图层中所有正向行车单行道路的筛选，如图 3-50 所示。单击"OK"按钮，回到"表达式字符串构建器"对话框，完成操作。

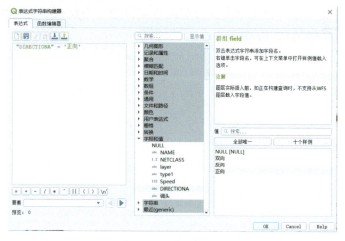

图 3-50 输入表达式

（2）标记单行道　在完成对单行道路的筛选后，需要再对线段做出方向标记。在"表达式字符串构建器"对话框（图 3-48）中单击"符号图层类型"下拉框，选择"标记线"，修改"标记位置"为"在中心点"，如图 3-51 所示；选择"OK"按钮，单行道路中出现圆形标注，如图 3-52 所示。

图 3-51 修改类型为标记线

添加的道路方向标记为圆形，并不能准确地代表道路的行车方向，所以需要进一步修改图标方向。打开"表达式字符串构建器"对话框，单击符号中的"简单标记"，从下方的符号类型框中选择"filled_arrowhead"符号，这是一个三角形箭头的符号，可以用于表达单行道路的方向，如图 3-53 所示。

添加了道路方向标志后，可能会发现部分标志方向和底图上道路行车方向相反，这是由于道路线要素的绘制方向与行车方向相反导致的。当道路标志方向（三角道路标志尖头方向）设定与对应线要素的绘制方向（从起点向终点的绘制方向）为一致时，多数情况下无须对标志方向进行调整,但是也有部分道路方向标志与道路行车方向相反,需要修改标志的方向。描述道路绘制方向的属性(如"DIRECTIONA")是判断标志是否需要旋转的关键;完成对图层中所有反向行车单行道路的筛选,如图3-54所示,打开"表达式字符串构建器"对话框,单击符号中的"简单标记",从下方的符号类型框中选择"filled_arrowhead"符号,并将"旋转角度"设置为180°(图中1位置),完成设置后可以看到方向标志已经改变(图中框线位置)。

图 3-52　标注单行道

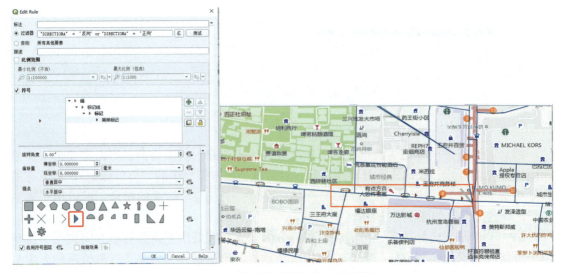

图 3-53　修改显示图标为三角形箭头

图 3-54　对反向行车道路的筛选

根据道路的方向和与正方向的角度，三角形箭头随之进行了适当旋转以达到对齐，如图 3-55 所示。

4. 路径分析

完成了对道路方向和道路标记的设置，下一步就可以开始进行路径的生成了。QGIS 目前只支持两点之间的路径分析，如果道路上有多个必经点，必须在不同的路段分别进行路径分析。单击菜单"处理"—"工具箱"，调出"工具箱"面板，开始进行路径分析。在"工具箱"面板中依次找到"网络分析"—"最短路径（点到点）"，双击运行，如图 3-56 所示。

图 3-55　修改后的指示三角形箭头

图 3-56　选择最短路径

在弹出的"最短路径（点到点）"对话框中进行相关数据的选择：
① "描绘网络的矢量图层"下拉框选择包含单行路径的图层。
② "要计算的路径类型"保持默认值"最短"。
③ "起点"单击右侧的"…"按钮，在地图中选择路网图层上起点位置作为路径分析

的起点。

④ "终点"单击右侧的"…"按钮,在地图中选择路网图层上终点位置作为路径分析的终点,如图 3-57 所示。

展开"高级参数"面板,对如下字段进行设置。

① "方向字段"下拉框选择字段表示路径方向。

② "正向值"文本框中填入正向的方向值,表示单向道路为线要素的正方向。

③ "反向值"文本框中填入反向的方向值,表示单向道路为线要素的反方向。

④ 其他选项保持默认值,单击"运行"按钮,如图 3-58 所示。

图 3-57　最短路径设置

图 3-58　最短路径高级参数选项

在构成线路的第一段后,反复使用最短路径算法计算不同点之间的路径,最终构成整体线路。路径生成结束后,将所有的路径集合在一个图层,完成最短线路的提取。

知识拓展:全国超长距离的公交线路

全国目前在营的超长距离的公交线路有三条。

1)北京公交 917 路。线路运营于北京市房山区、丰台区、西城区,总站点 71 个,运营里程 102km。

2)深圳 310-315 环线。这条线路堪称是我国最奇特的公交车线路,因为它经过的站点达到了 102 个,但全程仅耗时 5h,虽然它的总时长不长,但线路的总里程达到了 122km。

3)大庆公交 109 路。这条线路是我国行驶距离最长的公交线路,总里程达到了 140km。该线路站点不是很多,只有 7 站,车辆最后发车班次为中午 12 点,因为再晚发车就回不来了。

实施与评价

请按照"任务工单 11　绘制公交线路"要求完成本任务。

任务 12　选定物流和货物集散地地址

任务描述

本任务要求学习并掌握物流园用地的规范要求，选定物流和货物集散地的地址。

学习目标

知识目标
1. 了解物流园选址的概念。
2. 掌握物流园选址的基本原则。
3. 熟练应用多种叠加分析进行缓冲区分割。

技能目标
能够依据给出的物流站点选择条件，选择最佳的物流货物集散地点设置区域。通过叠加分析，完成对最佳范围的划定，保存对应区域文件。

素养目标
培养严谨、守规、求真、务实的态度和作风，培养社会责任感。

知识准备

> 引导提问：为什么物流园的选址有诸多的限制条件？

一、相关概念

1. 物流园

物流园区是一家或多家物流配送企业在空间上集中的场所，它是提供一定品类、一定规模、较高水平的综合物流服务的物流集结点，是具有产业一致性或相关性且集中连片的物流用地空间。

2. 物流园选址

物流园区的选址是指在一个具有若干供应点及若干需求点的经济区域内选一个地址设置物流园区的规划过程。过程包括确定所要分配的设施的数量、位置以及分配方案。这些设施主要是指物流系统中的节点（制造商、供应商、仓库、配送中心、零售商网点）。

二、选址的基本原则

1. 运输便利

无论是大型国际物流园区还是区域性物流园区,都要求交通便利,各种运输方式能相互补充。因此园区一般都选择在铁路、港口、高速公路、航空节点及重要场站附近或几种运输方式的交汇点。货运通道的通达性直接影响运输的效率,能否实现准时运送是物流系统服务质量高低的重要指标,在选址过程中应综合考虑道路网分布、通行能力和交通管制等情况。

2. 规划合理

物流园区拥有众多建筑物以及固定机械设备,一旦建成很难拆迁,如果选址不当,将付出长远代价。园区的选址、建设必须从空间和时间上对园区的建设、改建和扩建进行全面系统的规划。规划的合理性对园区的设计、施工与应用,对其作业质量、安全、作业效率和保证供应,对节省投资和运营费用等都会产生直接和深远的影响。

3. 位置便利

物流园一般选址在与城市总体规划相适应的城市边缘地带,靠近货物转运枢纽,靠近交通主干道出入口,对外交通便捷,周围有足够的发展空间。

三、计算面积

QGIS 支持对面状地物的面积进行计算,最方便的方式就是通过属性表格中的字段计算器和函数共同作业完成计算。右键单击选定图层,选择"打开属性表",打开编辑状态后,在属性表面板中选择"字段计算器"图标,打开字段计算器界面,如图 3-59 所示。

图 3-59 打开字段计算器

在 "row_number" 栏中打开"几何图形"菜单栏,QGIS 提供两个函数 "$area" 和 "area" 用于计算记录的要素面积(图 3-60),不同在于 $area 计算的为地理坐标系面积(椭球面积),area[使用方法为 area($geometry)] 计算的为投影坐标系面积,具体使用如图 3-61 所示。

图 3-60　面积函数

图 3-61　两种函数的使用方法

四、绘制饼图

图形是显示数据成果的最佳形式，QGIS 支持对字段数据进行各种类型的图例显示。本任务以饼图为例说明制图方法。左键双击选定数据图层，打开图层属性面板，在图层属性面板选择"图表"选项，选中后在弹出的面板中选中以饼图显示，如图 3-62 所示。

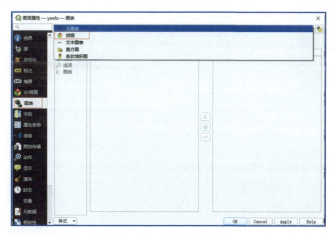

图 3-62　属性 - 图表

饼图的图像显示实质上是反映要素的相关字段值变化情况，在饼图选项中，单击"属性"，在右侧面板进行属性设置。若双击属性表中的要素（字段），即可被加载到右侧指定属性，如图 3-63 所示。

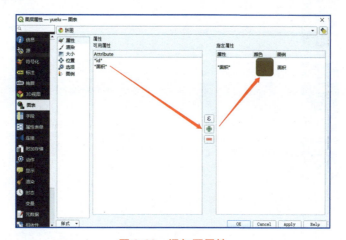

图 3-63　添加图属性

选定属性参数后需要对图形的显示效果进行设置。选择"渲染"选项，添加渲染显示效果（图 3-64 左侧框选处"绘制效果"），单击星形图标（图 3-64 中部右侧框选处），进行阴影与源等效果的设置（可根据需要自选）；另外在格式下方也可以对线的颜色和不透明度进行调整，如图 3-64 所示，选择"OK"完成配置。

图 3-64　渲染设置

完成显示效果的设置后，需要进行图形大小设置。选择"大小"选项（图 3-65 左侧框选处），在"缩放比例"中进行饼图大小的相关设置（图 3-65 中 1 所示）：

① "属性"栏中选择相关字段（图 3-65 中 2 所示）。
② 单击"查找"（图 3-65 中 3 所示），在"最大值"栏提示最大图形面积显示值。
③ 调节"大小"栏进行图形大小调节，如图 3-65 所示。

图 3-65　设置大小

完成设置后的饼如图 3-66 所示，用户可以根据需要，添加显示字段及其他信息。

图 3-66　完成后的饼图

知识拓展：中国物流之都

中国物流之都是山东省临沂市。

临沂拥有近 2800 条公路物流专线，几乎覆盖全国县级以上网点，通达全国所有港口和口岸，实现了 600km 以内当日或次日到达，1500km 以内隔日到达，3000km 以上 3~7 日到达。2021 年临沂市快递业务量达到 13 亿件，是我国当之无愧的物流之都。

请按照"任务工单 12　选定物流和货物集散地地址"要求完成本任务。

任务 13　比较不同位置的便利性

本任务要求学习并掌握商圈、POI 的概念，从零售便利和最近公交距离两个方面进行知名景点的便利性检测。

知识目标

1. 了解泰森多变形的概念和设置方法。

2. 掌握最短路径的设置方法。

3. 熟练进行地物或区域的某方向便利性测试。

技能目标

能够依据给出的便利店统计数据，完成知名景点及相关区域的服务能力分析，并完成对应的柱状图，保存统计结果为图像文件输出。

素养目标

培养严谨、守规、求真、务实的态度和作风，培养社会责任感。

知识准备

> **引导提问：** 如何才能比较不同区域便利店对生活的方便程度？

一、相关概念

1. 商圈

商圈是指店铺以其所在地点为中心，沿着一定的方向和距离扩展，吸引优先选择到该店来消费的顾客所分布的地区范围，即店铺长期顾客所在的地理范围。

2. POI

POI 是"Point of Interest"的缩写，可以翻译成"兴趣点"，POI 也有"Point of Information"的含义，即"信息点"。电子地图上一般用 POI 点来表示导航的终点，如景点、政府机构、公司、商场、饭馆等都可以认为是 POI。

二、泰森多边形

泰森多边形又称冯洛诺伊图，它是一组由连接两邻点线段的垂直平分线组成的连续多边形。一个泰森多边形内的任一点到构成该多边形的控制点的距离小于到其他多边形控制点的距离，即依据输入的点图层重新构建一个面图层，能最大限度地体现点图层在面上的排他性，如图 3-67 所示。

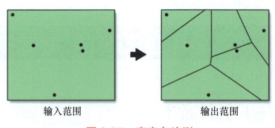

图 3-67 泰森多边形

泰森多边形的构造按如下流程进行，如图 3-68 所示。

1）按照从左到右、从上到下的顺序扫描输入点。忽略与先前扫描点的距离小于所选邻近容差的点。

2）在所有点中划分出符合 Delaunay 准则（即 Delaunay 三角网，它要求各个空间目标之间连线形成三角形，任何一个三角形的外接圆的内部不能包含其他任何空间目标）的不规则三角网（TIN）。

3）三角形各边的垂直平分线即可形成泰森多边形的边。各平分线的交点将决定泰森多边形折点的位置。

4）构建泰森多边形可以生成多边形拓扑。在各输入点的位置可以放置泰森多边形的标注点。

泰森多边形表示的更多是同一类型 POI 在相互作用之间的排他性，即同类 POI 的作用范围。由于泰森多边形在空间剖分上的等分性特征，因此可用于解决最近点、最小封闭圆等问题，以及许多空间分析问题，如邻接、接近度和可达性分析等。

在进行泰森多边形的制作前，首先需要具备输入点图层和范围图层，点分布和缓冲区范围分别如图 3-69 和图 3-70 所示。在工具箱中选择菜单"矢量几何图形"—"泰森多边形"，在泰森多边形对话框中进行选择，具体设置如图 3-71 所示。

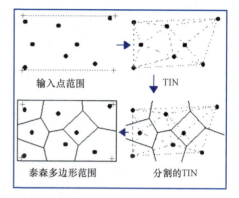

图 3-68　泰森多边形的构造过程

图 3-69　点分布

图 3-70　缓冲区范围

图 3-71　泰森多边形界面

①"输入图层"选择对应的点图层。

②"缓冲区域"确认生成缓冲区的范围，范围由小到大可分别生成值为 1、10、25 的缓冲区。

③最后指定缓冲区生成的位置和保存文件名，完成后如图 3-72 所示。

完成后的泰森多边形以一个缓冲区的形式保存，其范围一般会超过界定范围，所以需进行叠加操作修剪缓冲区图层。如图 3-73 所示，在工具箱中选择菜单"矢量叠加"—"相

交",进行如下设置:

① "输入图层"选择多边形图层。
② "叠加图层"选择范围图层。
③ "相交"项指定保存位置和保存名称。
④ 单击"OK"按钮完成操作。对生成图层双击左键,在"符号化"子栏目中修改"不透明度"为 50%,得到最终成果,如图 3-74 所示。

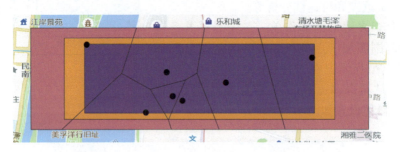

图 3-72 不同大小"缓冲区域"值的泰森多边形

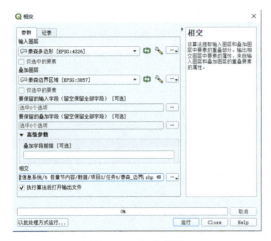

图 3-73 相交操作

图 3-74 完成叠加的泰森多边形

虽然泰森多边形能够显示出同类 POI 之间的影响范围,但这并不表示每个区域为对应 POI 自生的作用范围,它只能大致表示同类节点之间的不同作用区域,如果要进一步确定每个节点的影响区域,需要进一步和其他缓冲区进行叠加操作。

三、对区域内数据的统计

泰森多边形完成后并不能反映太多的数据信息,往往需要和其他数据图层配合使用。最常见的使用就是统计在泰森多边形内不同区域中某一类 POI 的数量,统计需要使用统计工具。在工具箱中选择菜单"矢量分析"-"统计点在多边形中的数量",在"多边形"和"点"栏目中分别选择泰森多边形和点图层,在"计数"中为结果图层保存路径和图层名称,如图 3-75 所示,单击"OK"按钮完成操作,如图 3-76 所示。

打开新生成图层的属性表，发现表中已添加一个新字段"NUMPOINTS"，如图 3-77 所示，该字段值即为统计的在泰森多边形不同区域中的点要素个数。

图 3-75　统计点在多边形中的数量

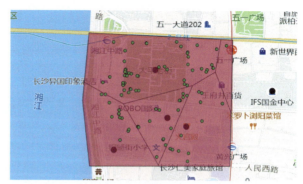

图 3-76　泰森多边形内需要统计的点要素

图 3-77　统计结果

四、输出地图

QGIS 支持进行电子地图的图片输出。在主界面选择菜单"工程"—"新建打印布局"，为新建的布局起一个名称，如图 3-78 所示。

图 3-78　新建打印布局

在布局界面单击添加地图按钮，在布局中画框设置范围，如图 3-79 所示。地图被自动加载，如图 3-80 所示。

输出的地图上需要添加地图的标准要素，如比例尺、图例、指北针、标题等。标准要素需要从布局模板中完成添加。

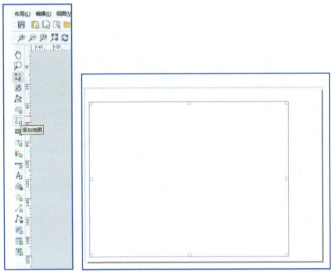

图 3-79　添加地图

在布局模板中选择"添加项"菜单，在下拉菜单中选择"添加指北针"，并在画框范围内拖动鼠标添加指北针，要素被加载到布局。在右侧的"项"面板栏中选择"项属性"，可以更改指北针样式，如图 3-81 所示。

按相同的操作可以逐步添加图例、标题、比例尺。

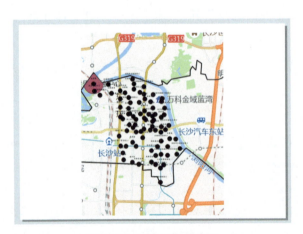

图 3-80　完成添加的底图

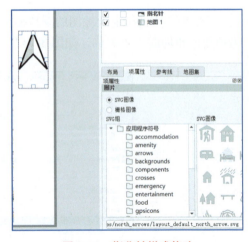

图 3-81　指北针样式修改

完成了地图的布局和要素的添加后，可以进行出图。在布局模板中选择"导出为图像"，对图像的导出选项进行设置，如图 3-82 所示。注意，一般导出的分辨率为 200~500dpi。

图 3-82 进行图像导出

完成设置后,单击"Save"完成设置。

知识拓展:通勤路上的"烟火气"

便利店在城市零售网络中如毛细血管一般存在,我国现有 105 万余家企业名称含"连锁超市、便利店、便利超市、便利连锁、连锁便利",其中广东省的便利店相关企业数量最多,超过 12.6 万家,占全国相关企业总量的 12%;福建省以 9.8 万家相关企业数量位居第二位,贵州省、湖南省和山东省分列三、四、五位,均拥有 5 万家以上的相关企业。

请按照"任务工单 13 比较不同位置的便利性"要求完成本任务。

参考文献

［1］汤国安，杨昕，张海平，等.ArcGIS 地理信息系统空间分析实验教程［M］.2 版.北京：科学出版社，2021.

［2］牟乃夏，刘文宝，王海银，等.ArcGIS10 地理信息系统教程：从初学到精通［M］.北京：测绘出版社，2012.

［3］牟乃夏，王海银，李丹，等.ArcGIS Engine 地理信息系统开发教程［M］.北京：测绘出版社，2015.

［4］蒋湧，李卫江，廖邦固，等.开源地理信息系统 QGIS 空间分析教程［M］.北京：科学出版社，2021.

［5］牛强.城乡规划 GIS 技术应用指南 GIS 方法与经典分析［M］.北京：中国建筑工业出版社，2017.

［6］张书亮，戴强，辛宇，等.GIS 综合实验教程［M］.北京：科学出版社，2020.

［7］闫磊，张海龙.ArcGIS 地理信息系统：从基础到实践［M］.北京：中国水利水电出版社，2021.

［8］宋彦，彭科.城市空间分析 GIS 应用指南［M］.北京：中国建筑工业出版社，2015.